いちばんやさしい Instagram マーケティングの教本

インスタグラム

人気講師が教える「魅せるマーケ」勝利の法則

インプレス

著者プロフィール

甲斐 優理子（かい ゆりこ）

株式会社パスチャー 代表取締役

1990年生まれ。2014年、一橋大学商学部経営学科在学中に東南アジア向けアパレルコマース事業を運営するANELAを創業しCEOを務める。2016年6月にデジタルマーケティング支援を行う株式会社パスチャーを創業。ソーシャルメディア上のデータ解析を軸に、マーケティングリサーチや各種プロモーション支援を行う。およそ4,000人が参加するFacebookグループ「Instagramマーケティング勉強会」主宰。

○ 株式会社パスチャー：http://corp.pasture.biz/

本書は、2018年7月時点の情報を掲載しています。
本文内の製品名およびサービス名は、一般に各開発メーカーおよびサービス提供元の登録商標または商標です。
なお、本文中にはTMおよび®マークは明記していません。

はじめに

打ち合わせでInstagramに興味があるという企業の方々とお会いすると、このような質問をいただくことが増えています。

「アカウントを作ったけど、全然フォロワーが増えなくて……」
「なにを投稿したら売り上げにつながるのか、よくわからなくて……」

まだInstagramを一時的な流行と見る人もいますが、実際には、すでに世界の幅広い年代が利用するコミュニケーションプラットフォームになっています。スマートフォンの利用率が高まるにつれ、テレビや雑誌から離れたユーザーがSNSを利用するようになり、大勢の人がInstagramに定着したのは、ライフスタイルが変化した結果です。これからInstagramに取り組むなら、まずは、テレビなどで話題になる極端な「インスタ映え」ばかりではない、Instagramユーザーの実際のライフスタイル、価値観や特性を理解することが必要でしょう。

Instagramはビジュアルが中心となるため、Twitterなどよりも情報発信に手間がかかります。その代わり密度の高いコミュニケーションが行われることが特徴で、企業アカウントもビジュアルによる訴求で世界観や「商品のある生活」を見せ、フォロワーと関係を築いて、やがて顧客化することが可能になります。

本書では、これからInstagramマーケティングを始める人や、思うような成果が出ずにもっと学びたいと考えている人に向けて、基本的な考え方から実践的なテクニックまでを網羅的に解説しています。「フォロワーが増えない」「なにを投稿したらいいのかわからない」といった疑問への回答となる内容も書きました。

これらを実践した企業の中には、Instagramがきっかけで年商20億円近くのヒット商品を生み出したり、投稿するたび200%ほど商品の売り上げを伸ばしたりしている例もあります。本書が、Instagramをビジネスに活用したいと考えている皆様のお役に立てれば幸いです。

2018年7月　甲斐 優理子

目次

いちばんやさしい
Instagram
マーケティングの教本

人気講師が教える
「魅せるマーケ」勝利の法則

Contents
目次

著者プロフィール ···················· 002

はじめに ·········· 003

索引 ························· 189

スタッフリスト ···················· 191

Chapter 1

ビジネスで使える
Instagramの特徴を知ろう

page **11**

Lesson

01 [Instagramの特徴]
Instagramマーケティングが注目される理由を理解しよう ·······012

02 [Instagramでできること]
写真と「いいね」だけではないInstagramの機能を知ろう ···016

03 [ユーザー特性の理解]
Instagramユーザーの行動と心理を理解しよう ·················020

04 [ハッシュタグの重要性]
Instagramで強い力をもつハッシュタグの使い方を理解しよう ·····024

05 [ビジュアルによる訴求のコツ]
商品の特性に合った「見せ方」を工夫しよう ······················028

COLUMN
質疑応答『Instagramは今後、動画メインのサービスになっていきますか？』····030

Chapter 2 Instagramマーケティングの戦略を立てよう

page 31

Lesson

06 ［基本の施策と組み合わせ］
Instagramマーケティングの代表的な4施策を把握しよう······032

07 ［ユーザー行動モデルの理解］
Instagramで起こるユーザーの行動を理解しよう··········036

08 ［注力する施策の選び方］
ユーザーの検討段階から注力する施策を決めよう··········038

09 ［ハッシュタグの設計］
自社や商品に関連するハッシュタグを調査しよう··········042

10 ［担当者の人選］
Instagram担当者は若い人や写真好きでなくてもOK·····046

11 ［業種別フレームワークの基本］
「共感」から「参加」の基本パターンを覚えよう···················048

12 ［業種別フレームワーク①：アパレル／ファッション］
アパレル／ファッション系商品はトレンド感の醸成を重視する····050

13 ［業種別フレームワーク②：スキンケア／コスメ］
スキンケアは「効能」、コスメは「使用後」のアピールが鉄板·····052

14 ［業種別フレームワーク③：食品／飲料］
食品や飲料は視覚的な魅力が最大化する場面を切り取る···054

15 ［業種別フレームワーク④：インテリア］
インテリアは継続的な投稿で世界観をアピールする·······056

005

目次

Lesson

16 [業種別フレームワーク⑤：雑貨／日用品]
雑貨や日用品は活用シーンをバリエーション豊かにアピールする·····058

17 [業種別フレームワーク⑥：観光／行政]
観光業や観光地では「撮りたい！」気持ちを刺激する······060

18 [業種別フレームワーク⑦：飲食／サービス]
飲食店などではインパクトのある「売り」を作る···············062

COLUMN
質疑応答『Instagramで、いわゆる「炎上」は起こりますか？』···064

Chapter 3 自社アカウントの 運営を始めよう　**page 65**

Lesson

19 [ビジネスプロフィールへの切り替え]
自社アカウントを「ビジネスプロフィール」にしよう·······066

20 [プロフィールの設定]
顧客にとってわかりやすいプロフィールを設定しよう···070

21 [写真の入手方法]
自社アカウントで投稿する写真の入手方法を決めよう···072

22 [写真表現の基礎]
「伝わる写真」を撮る4つのコツを押さえよう·························074

23 [写真の加工アプリ]
スマホでの写真編集には「Snapseed」を使おう ··················078

24 [キャプションの書き方]
キャプションは親しい友達に話しかけるように書こう···082

Lesson

25 ［投稿の頻度とタイミング］
反響が増えやすい時間帯を狙って投稿しよう ·····················084

26 ［ストーリーズの活用］
ファンとの関係強化に「ストーリーズ」を活用しよう ·······086

27 ［カルーセルの活用］
カルーセルによる複数の写真を「情報の深掘り」に使おう·····088

28 ［ダイレクトとクイック返信］
クイック返信でメッセージの対応を効率化しよう ···········090

29 ［スポット情報の活用］
店舗ではスポット情報と「撮りたい」要素を仕掛けよう···092

30 ［インサイトの利用］
評価と改善に必要な「インサイト」の見方を確認しよう···········096

31 ［テストと改善のスケジュール］
段階的なテストで改善を進めよう ·······································100

COLUMN
質疑応答『飲食店に「インスタ映え」する要素は絶対に必要ですか？』····104

Chapter 4
インフルエンサーと連携した施策を打とう
page 105

Lesson

32 ［インフルエンサーができること］
ユーザーに行動を促すインフルエンサーの力を知ろう····106

33 ［連携施策の企画］
目的に合った施策の企画と人選をしよう ·······························110

目次

Lesson **34** ［イベントとの組み合わせ］
リアルなイベントとの相乗効果を狙おう ―――― 114

35 ［人選のポイント］
データから信頼できる人物を見極めよう ―――― 116

36 ［インフルエンサーへの指示］
投稿のタイミングや狙いを適切に指示しよう ―――― 118

37 ［連携施策の注意点］
「ステマ」や「不当表示」になる致命的なトラブルを避けよう―― 120

38 ［連携施策の効果測定］
通常投稿と自社依頼の投稿を比較して施策を評価しよう― 122

COLUMN
質疑応答『スタッフをインフルエンサーとして店舗の広告塔にしたいです』―― 124

Chapter **5** ユーザー参加の投稿
キャンペーンを実施しよう

page **125**

Lesson **39** ［キャンペーンの狙い］
投稿キャンペーンで得られる4つのメリットを理解しよう―― 126

40 ［キャンペーンの企画］
応募作品が集まり盛り上がるテーマを設定しよう ―――― 128

41 ［応募規約］
作品の二次利用まで想定した応募規約を制定しよう ―― 134

Lesson

42 ［告知施策］
作例と複数回の告知で応募を集めよう ················ 138

43 ［目的別の評価］
設定した目的に応じてキャンペーンを評価しよう ·············· 140

（!） COLUMN
質疑応答『「フォロワー割引」って効果はありますか？』·········· 144

Chapter **6** Instagram広告を
活用しよう
page
145

Lesson

44 ［Instagram広告の特徴］
Instagram広告の特徴を理解しよう ················ 146

45 ［広告の目的とターゲティング］
広告で重要な「目的」と「オーディエンス」を理解しよう ····· 148

46 ［Facebookページの準備］
広告の管理に必要なFacebookページを設定しよう ········· 152

47 ［広告のルール、ポリシー］
Instagram広告のルールと禁止事項を知っておこう ·············· 154

48 ［効果的なクリエイティブ］
Instagram広告で効果的なクリエイティブを理解しよう ····· 156

49 ［広告の設計］
目的や予算などを決めて広告を設計しよう ······················ 158

Lesson

50 ［広告マネージャによる出稿］
広告マネージャを使って実際に広告を作成しよう……162

51 ［広告の評価と改善］
広告のパフォーマンスを確認し、改善しよう……168

52 ［A/Bテスト］
A/Bテストで広告を配信しながら比較しよう……172

COLUMN
質疑応答『Instagramの流行はいつまで続きますか？　次に来るSNSはなんですか？』……176

Chapter

7 | ショッピング機能でECサイトに誘導しよう

page 177

Lesson

53 ［ショッピング機能の概要］
ショッピング機能のしくみと必要な環境を把握しよう……178

54 ［ショッピング機能の準備］
ショッピング機能に必要な準備をしよう……180

55 ［BASEでのショッピング機能の設定］
BASEのECサイトでショッピング機能を利用しよう……182

56 ［商品のタグ付け］
投稿に商品をタグ付けしてECサイトへ誘導しよう……186

COLUMN
質疑応答『今後、Instagramの利用スタイルはどう変化していきますか？』……188

Chapter 1

ビジネスで使える Instagramの特徴を知ろう

Instagramは、独特の機能やコミュニティをもっています。Instagramマーケティングに取り組むために、まずはサービスの使われ方や、参加しているユーザーの心理を理解してください。

Lesson **01** ［Instagramの特徴］

Instagramマーケティングが注目される理由を理解しよう

このレッスンの
ポイント

「Instagram」（インスタグラム）は写真を中心とした、ほかにない特徴をもつSNSです。「若い女性向け」の印象が強いかもしれませんが、幅広い世代の男女が利用しており、企業のマーケティングツールとしても注目されています。

Chapter 1　ビジネスで使えるInstagramの特徴を知ろう

○ 流行語大賞「インスタ映え」でさらに知名度がアップ

Instagramは、スマートフォンから写真や動画を投稿し、ユーザーを「フォロー」して写真を見たり、好きな写真に「いいね」したりできるSNSです。

サービス開始は2010年。2012年にはFacebookに買収され、IT業界で話題となりました。2015年末ごろからテレビなどで紹介されるようになり、Instagramで見栄えがすることを指す「インスタ映え」が2017年の新語・流行語大賞になりました。このことで、「スマートフォンで写真を撮ること＝Instagramに投稿すること」というイメージが、Instagramユーザー以外にも広まりました。

文字でなく写真や動画がメインであることは、TwitterやFacebookなどのSNSと大きく異なるユニークな点です。

▶ Instagramはビジュアルがメイン 図表01-1

「フィード」または「タイムライン」と呼ばれる基本画面では、フォローしているユーザーが投稿した写真や動画が大きく表示される

写真や動画による非言語コミュニケーションを中心とするのが、Instagramの大きな特徴です。

● 国内2,000万人。若い女性に限らない幅広いユーザー

TwitterやFacebookと比べ、Instagramはどれくらいの規模をもつのでしょうか？
2018年6月の発表によると、Instagramの月間アクティブユーザー数は世界で約10億人。日本国内では、2017年9月時点のデータで約2,000万人です。
Twitterは、2017年10月時点の月間アクティブユーザー数が世界で約3億3,000万人、日本国内は約4,500万人。Facebookは2017年9月時点で世界約20億人、日本では約2,800万人と発表されています。

日本ではTwitterの人気が非常に高いですが、世界で見れば、InstagramはTwitterの3倍以上の規模となっています。

また、総務省が2017年に発表した年代・性別ごとのSNS利用率によると、Instagramは40代女性の21％、50代女性の18％が利用しているなど、女性を中心として幅広い年代の人たちに利用されていることがわかります（図表01-2）。

▶ 各年代・性別におけるSNSの利用率 図表01-2

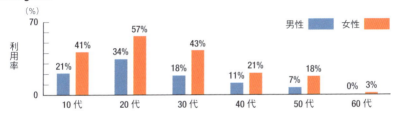

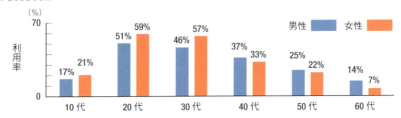

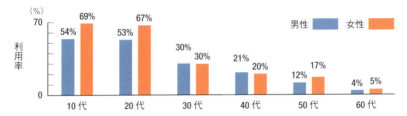

年令・性別ごとの調査対象全体での利用者の比率
総務省「平成28年情報通信メディアの利用時間と情報行動に関する調査」より

○「好きな写真」でつながるコミュニティが形成される

InstagramはほかのSNSに比べて情報が広がりにくく、小規模ながら強いつながりをもつユーザーの集団＝コミュニティが多数存在していることが特徴です。
Twitterでは「リツイート」、Facebookでは「シェア」のように、ユーザーが情報を広く拡散できる機能があります。しかし、Instagramには、このような情報を拡散する機能がありません。

ユーザーは好みの写真の投稿者をフォローし、直接フォローしている相手の写真だけを見て、好意をベースにしたコミュニケーションを楽しんでいます。そのため、企業からの情報発信も適切に行えば好意的に受け入れられやすいといえます。

👍 ワンポイント スマートフォンの普及による「枠の拡大」と「細分化」

スマートフォンの普及によって生活者の情報への接触方法は大きく変わり、「枠の拡大」と「細分化」という現象が起きています。

「枠の拡大」とは、情報といつでも接触可能になったことを指します。以前ならテレビはテレビの前、パソコンはパソコンの前にいないと利用できませんでしたが、常に手元にスマートフォンがあることで、24時間いつでも自分が欲しいタイミングで情報を手に入れられます。

「細分化」とは、スマートフォン上で閲覧・利用されるコンテンツが、短い時間で消費できるものにシフトしていることを指します。電車に乗っている10分間、信号待ちの10秒間のような細切れの時間で利用できるコンテンツが、よく利用されるようになっています。
この現象にぴったりと合ったメディアが、Instagramなどスマートフォンのソーシャルメディア＝SNSなのです。

▶「枠の拡大」と「細分化」 図表01-3

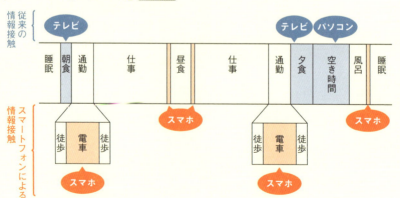

スマートフォンの普及により情報に接触できる時間が増える「枠の拡大」、1回あたりの情報接触時間が短くなる「細分化」が起きた

● 影響力の強い「インフルエンサー」がコミュニティの中心に

Instagramユーザーは、写真の情報をさまざまな形で利用し、楽しんでいます。たとえばファッションが好きなユーザーなら、好みのコーディネートの写真を投稿している人をフォローし、ときには写真を見て気になった商品を購入します。

また、料理好きなユーザーは、好みの料理を作る人をフォローして、実際に献立に取り入れたりもします。簡単に作れて見栄えのいいレシピを好む人、お弁当に凝る人など、同じ料理好きにもさまざまなタイプのユーザーがいます。

個性的な投稿によって、人数は多くなくても熱心なフォロワーをもつユーザーが、Instagramには多数存在します。そうした「インフルエンサー」(影響力の強いユーザー)を中心とした、さまざまな興味や関心で結ばれたコミュニティが数多く形成されていることも、Instagramの特徴です(図表01-4)。

▶ インフルエンサーを中心とした多くのコミュニティが散在 図表01-4

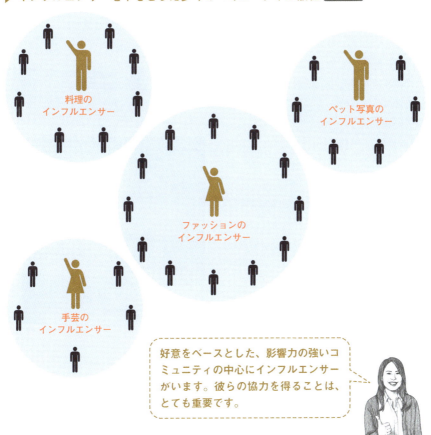

> 好意をベースとした、影響力の強いコミュニティの中心にインフルエンサーがいます。彼らの協力を得ることは、とても重要です。

Lesson **02** [Instagramでできること]

写真と「いいね」だけではない Instagramの機能を知ろう

このレッスンの ポイント

Instagramの**機能**は、**写真を投稿**して、ほかの**ユーザー**が投稿した**写真**に「**いいね**」をつけるだけではありません。どのような機能があるかを学んだうえで、どのようにして**ビジネスに活用**できるかを考えていきましょう。

○「フィード」の投稿を基本にさまざまな機能が追加

サービス開始当初のInstagramは写真を共有するシンプルなサービスでしたが、トレンドの変化に対応して機能追加が行われた結果、写真を中心に動画も扱うビジュアルコミュニケーションのSNSに進化しています。

図表02-1 は、Instagramアプリのホーム画面です。画面上部の「ストーリーズ」の下に「フィード」または「タイムライン」と呼ばれるInstagramのメイン画面があり、投稿された写真や動画が並びます。ユーザーはそれぞれの投稿にある「いいね」ボタンをタップしたり、「コメント」ボタンをタップしてコメントを書き込んだりします。

次ページからは、フィード以外の主要な機能を解説します。

▶ 基本画面の構成 図表02-1

016

◯ 24時間で投稿が消える「ストーリーズ」

「ストーリーズ」は、複数の写真や動画をスライドショー形式にまとめて投稿できる機能です。投稿されたストーリーは24時間で消えてしまいますが、それまでは画面の上部に表示されるため、フォロワーの目にとまりやすいという特徴があります。

一方で、長く残らないため、24時間以内にアクセスしたフォロワー以外に見てもらうことは難しくなります。<mark>すでにファンを多く獲得しているアカウントが、ファンとのコミュニケーション用に使うと</mark>効果の大きい機能です。

▶ ストーリーの見方 図表02-2

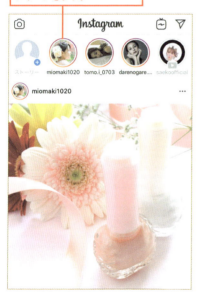

ストーリーを見たいユーザーアイコンをタップ

ストーリーが表示された

画面をタップまたは左にスワイプで次のストーリー、右にスワイプで前のストーリーが表示される

ストーリーズは、親しい友達どうしで写真や動画を送りあうためによく使われます。熱心なファンが増えるほど有効活用できる機能です。

NEXT PAGE ➡ | 017

動画を配信できる「IGTV」と「ライブ配信」

フィードには写真だけでなく動画も投稿できますが、動画の長さは1分間以内という制限があります。しかし、2018年6月に公開された新アプリ「IGTV」では、10分間まで（特別なアカウントでは60分間まで）の動画が投稿可能になりました。長編の動画の利用は、今後盛んになっていくと考えられます（図表02-3）。

ストーリーズの機能のひとつとして利用できる「ライブ配信」は、その名のとおりリアルタイムの動画を配信できます。企業がライブ配信を行う事例は多くありませんが、有名人がファン向けによく利用しています（図表02-4）。

▶ IGTVで全画面サイズの動画を楽しむ 図表02-3

- スマートフォンの縦画面フルサイズで動画を再生できる
- 動画を検索したり、人気の動画を探したりできる

▶ フォロー中のユーザーのライブ配信を見る 図表02-4

- ライブ配信中のユーザーがいる場合、ストーリーズの中に［ライブ動画］アイコンが表示される

◯ メッセージをやりとりする「Instagramダイレクト」

「Instagramダイレクト」は「ダイレクトメッセージ」とも呼ばれ、LINEなどと似た非公開のメッセージをやりとりできます。利用できるのは相互にフォローしているユーザー同士だけですが、フォロー関係にない相手にも最初にリクエストを送り、承諾されればメッセージのやりとりを開始できます。

企業のアカウントでも、ユーザーからの問い合わせに答えたり、参加型のキャンペーンを行うときにユーザーとやりとりしたりと、利用する機会の多い機能です。

◯ 写真の商品をそのまま売れる「ショッピング」

「ショッピング」は、2018年6月に日本で利用可能になった新しい機能です。投稿した写真に商品の情報を関連づけることで、ユーザーがすぐにECサイトで購入できるようになります（図表02-5）。詳しくは第7章を参照してください。

Instagramはなにかを買いたいときにカタログのように利用されることも多く、特にアパレル／ファッション系の商品が人気です。ECサイトをもつ企業は、ショッピング機能で購入までのスムーズな導線を作ることができます。

▶ ショッピング機能で写真の中の商品をチェックする 図表02-5

写真の中のタグ付けされた商品をタップ

［ウェブサイトで見る］をタップすると、ECサイトで商品を購入できる

ショッピング機能でユーザーが商品をすぐ購入可能になり、カタログとしての重要度が増します。

Chapter 1 ビジネスで使えるInstagramの特徴を知ろう

019

Lesson 03 ［ユーザー特性の理解］
Instagramユーザーの行動と心理を理解しよう

このレッスンのポイント

ユーザーに受け入れられる施策を実行するため、ユーザーがInstagramをどのように利用し、なにを求めているかを理解しましょう。Instagramにおけるコミュニケーションや情報収集のやり方には、独特のものがあります。

○ 写真や動画による自己表現とその反響を楽しむ

SNSは友達同士の「雑談」や「情報交換」に使われることが多いですが、Instagramでは自分の好きなものを撮影し、写真や動画による「自己表現」として投稿することが基本です。

投稿者は、ひとつひとつの写真を工夫し、思い入れを込めて投稿していて、反響をもらえれば非常にうれしく感じ、モチベーションを高めます。写真を楽しむユーザーは同じ表現者としてお互いを尊重し、ていねいなコミュニケーションを行う傾向があります。

▶ 投稿に反響をもらうことでモチベーションを高める 図表03-1

たくさん反響をもらうことがユーザーのモチベーションになります。

◯ オリジナルの作品で自分らしい表現を追求

Instagramでは、自分で撮影・加工したオリジナルの作品でないと、ほかのユーザーに興味をもってもらえません。
ほかのSNSでは、テレビで放送されていた話や雑誌の切り抜きのような借り物のコンテンツを投稿して「バズる」こともあります。しかし、Instagramで写真を楽しみ、反響をもらうには、自分らしい表現を追求していく必要があります。
投稿者は、自分が撮る写真のアイデアや被写体を求めています。よって、企業側では写真を募集するキャンペーンを開催するなどして、そうしたユーザーの欲求を刺激することが重要になってきます。

◯ 「とっておきの写真」と「日常の共有」

多くのユーザーは、フィードへの投稿とストーリーズへの投稿を明確に使い分けています。
フィードに投稿するのは、多くの人に見せたい、とっておきの写真です。何十枚も撮影した中から厳選したり、一眼カメラで撮影したりする人もいます。

一方、フォロワーだけに見せるストーリーは、自分が今やっていることなど、親しい人と日常を共有する写真を投稿します。企業アカウントでも、とっておきの写真を見せるためのフィードと、親しいファン向けのストーリーの使い分けを意識しておきましょう。

▶「とっておきの写真」と「日常の共有」の例　図表03-2

フィードに投稿するのはとっておきの写真

ストーリーとして投稿するのは日常を共有できる写真

みんなが撮りたい、投稿したい「インスタ映え」

2017年の新語・流行語大賞にも選ばれた「インスタ映え」とは、「Instagramで見栄えがする」という意味です。投稿者の視点では「たくさん反響がもらえる」ことも意味します。

Instagramで多数の反響がもらえ、コミュニケーションが楽しめる写真を撮るには、情報感度や芸術的なセンスが問われ、一般の人には難しい面もあります。しかし、図表03-3のように、誰が撮っても見栄えがよく、多くの反響が得られる写真になる被写体も存在します。

こうした写真を見たユーザーは「自分も撮りたい」と思い、同じ商品や景色を求めて行動するようになります。その結果、集客のために「インスタ映え」する商品を開発したり、スポットを紹介したりする企業が増え、多くの人がそうした商品やスポットを撮って投稿していったのが「インスタ映え」流行の正体です。

インスタ映えする商品や景色を開発し、アピールすることは、==写真を撮ることに慣れていない人でも気軽にInstagramを楽しめる==ようにしたという点で、Instagramのユーザー増加に大きく貢献したといえます。

▶ 典型的なインスタ映えする被写体 図表03-3

ひと目で特別な日とわかるイベントやゴージャスなケーキ

行ってみたい、自分も撮りたいと思わせる印象的な景色

誰が撮っても見栄えがするだけでなく、撮り方の工夫でさまざまな表現を楽しめる被写体がベストです。

● Instagramで「検索」することが当たり前に

若年層を中心に、Instagramを検索サイトとして活用する人が増えています。Instagramは写真を中心とするSNSなので、GoogleやYahoo!よりも視覚的に好みのものや、消費者に人気なものを見つけやすいのです。

たとえば渋谷でカフェを探したいときには、Instagramで「渋谷カフェ」（複数語句の検索はできないので1語にします）を検索します。すると、渋谷のカフェの内装や料理などの写真が一覧で表示され、それぞれのカフェの売りがひと目でわかります。さらに、それに対するユーザー目線の感想も確認できます。

Instagram検索では、ユーザーを対象とした「ピープル」、ハッシュタグ検索（25ページ参照）の「タグ」、位置情報で検索する「スポット」のいずれかを利用することになります。「タグ」では、結果の表示を人気順（[トップ]）と新着順（[最近]）から選択できます（図表03-4）。

▶ ハッシュタグ検索の例　図表03-4

検索画面でキーワードを入力

[#渋谷カフェ]をタップする

[上位検索結果]には、よく検索される情報が表示される

ハッシュタグ「#渋谷カフェ」の検索結果が表示された

結果の表示を人気順にするか新着順にするかを選択できる

Lesson [ハッシュタグの重要性]

04 Instagramで強い力をもつハッシュタグの使い方を理解しよう

このレッスンのポイント

ハッシュタグは、広告費をかけずにユーザーの流入を増やせる手段として非常に重要です。ハッシュタグを効率的に使うことで、投稿が多くのユーザーの目にとまりやすくなり、いいねやフォロワーの獲得につながります。

●「#」で始まるキーワードがハッシュタグ

Instagramの投稿の大半には、図表04-1のように「#」(ハッシュまたは番号記号)で始まる文字列が多数ついています。これが「ハッシュタグ」です。投稿のキャプションに入力し、写真に関連するキーワードなどを自由につけられます。
ハッシュタグはひとつひとつが検索結果へのリンクになっていて、同じハッシュタグがついた投稿を検索できます。たとえば「#花束」というハッシュタグから、ほかの花束の写真を見つけられます。英語で「#flowers」とすれば、世界中の花の写真を検索したユーザーに見つけてもらえます。

▶写真につけられたハッシュタグ 図表04-1

投稿につけられた多数のハッシュタグ。タップするとハッシュタグ検索ができる

○ ハッシュタグのない投稿はほとんど見られない

TwitterやFacebookでもハッシュタグは使われますが、Instagramでは、ほかのSNSよりもハッシュタグの重要性が極めて高くなっています。

Instagramの検索機能の対象は、ハッシュタグの文字列とユーザー名、投稿に関連づけられたスポット名（地名、ランドマーク名など）に限られます。いくらキャプション（投稿の説明文）に情報を書いても検索の対象にならない点は、ほかのSNSやウェブサイトとの大きな違いで、実質的には、ハッシュタグのない投稿はほとんど検索の対象になりません。

投稿がほかのユーザーに見られる方法は、ユーザーにフォローされているか、検索したユーザーに見つけてもらうかの2通りの方法しかありません。投稿のリーチ（閲覧されること）を増やし、==フォロワーを増やすためには、投稿にハッシュタグをつけることが必須==だと覚えておいてください。

ハッシュタグは、1件の投稿に対して最大30個までつけられます。投稿のリーチを増やすため、できるだけ多くのハッシュタグをつけましょう。

▶ 投稿が見られる方法は2通りだけ 図表04-2

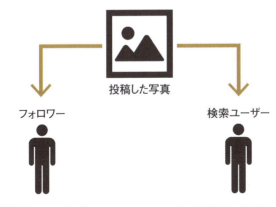

フォロワー — 投稿者のフォロワーのフィードに表示される

検索ユーザー — ハッシュタグやユーザー名、スポット名から検索したユーザーが発見する

適切にハッシュタグを使えば、費用をかけなくても自然に少しずつフォロワーを増やせます。

NEXT PAGE ➡ | 025

○ さまざまな性質のハッシュタグを知ろう

ほかの投稿を見ていると、さまざまな言葉がハッシュタグになっていることに気付くはずです。

ハッシュタグには、大きく分けて 図表04-3 に示す4種類の性質があります。思いつくままにつけるのではなく、4種類の役割を理解してバランスよくつけるといいでしょう。

企業アカウントの場合、もっとも重要なのは「被写体に関する情報」のハッシュタグです。自社の顧客になるユーザーがどのようなキーワード（＝ハッシュタグ）で検索するかを考え、つけていく必要があります。

「つながりを作る」ハッシュタグは、同じハッシュタグを使うユーザー同士のつながりを作るものです。「イベントやキャンペーン」のハッシュタグは、参加中のイベントなどがわかるようにつけるもので、同じ参加者同士や、イベントの情報を集めているユーザーに見つけてもらうことが狙いとなります。

「ひとりごと、感想など」のハッシュタグは、絵文字や「#楽しかった」のような一言をハッシュタグにしたものです。検索からのリーチやつながりを意識するのでなく、ハッシュタグにさまざまな言葉が並んだ中で、クスッと笑わせたり、見る人の気持ちを柔らかくしたりすることを狙って使われます。

▶ ハッシュタグの4つの性質 図表04-3

被写体に関する情報
被写体の名称や写真を撮った場所など。情報を整理し、検索への最適化に役立つキーワード。
#渋谷カフェ　#カフェラテ　#明治神宮

つながりを作る
同じ趣味や嗜好をもつユーザーが使い、ハッシュタグからゆるやかなつながりを生むことを意図したもの。
#猫部　#写真好きな人とつながりたい
#東京カフェ巡り

イベントやキャンペーン
参加中のイベントや、投稿を募集しているキャンペーンのハッシュタグ。参加していることを明示する。
#ルーブル美術館展　#ルクルーゼサクラ

ひとりごと、感想など
深い意味はない一言。ハッシュタグを羅列する中での「オチ」やアクセントとして使う。
#　#また遊ぼ　#明日は休み

> 情報を整理するものから深い意味はないものまで、ハッシュタグはさまざまな使われ方をしています。

◯ ハッシュタグの入力方法

ハッシュタグは通常、キャプションの一部として入力します。キャプションを改行したあと、または半角スペースを1文字入力したあと、半角の「#」に続けて文字を入力すると、その文字と一致する既存のハッシュタグの候補が表示されます（図表04-4）。

候補をタップすれば、ハッシュタグを簡単に入力できます。もしも使いたいハッシュタグがない場合は、まだ誰も使っていないハッシュタグを自分で作ってもかまいません。

複数のハッシュタグを続けて入力するときは、半角スペースで区切ります。または、ハッシュタグ1つずつを改行し、1列に並べてもかまいません。雑然とした印象にならないようにしましょう。

▶ ハッシュタグの入力 図表04-4

半角スペースで区切って、ハッシュタグを入力する

入力中の文字に合わせて既存のハッシュタグの候補が表示される。また、そのタグがついた投稿の数が表示される

全角スペースでも区切れますが、半角と混在すると空きが不ぞろいになってしまうので、おすすめしません。

👍 **ワンポイント　ハッシュタグは「コピペ」でもOK**

ハッシュタグは「#」とキーワード、そして半角スペースまたは改行を組み合わせるため、入力には意外と手間がかかります。よく使うハッシュタグは、スマートフォンの単語登録機能で簡単に入力できるようにすると便利です。複数のハッシュタグを繰り返し入力する場合には、メモアプリなどにハッシュタグの文字列を保存しておき、コピーして貼り付けても正しく入力できます。

Lesson **05** [ビジュアルによる訴求のコツ]

商品の特性に合った「見せ方」を工夫しよう

Chapter 1 ビジネスで使えるInstagramの特徴を知ろう

このレッスンのポイント

Instagramマーケティングで成功する鍵は、商品やブランドの特性を理解し、注目されるビジュアルやコンテンツにいかに結びつけるかにあります。商品そのものがインスタ映えしなくても、工夫次第でアピールできます。

◯ 直接の訴求が難しければ間接的に

Instagramは写真や動画といったビジュアルがベースとなるため、もともと写真映えする商品ほど相性がよく、魅力を伝えやすいです。Instagramの利用が当初、おしゃれなアパレルや雑貨などの企業を中心に拡大したのもそれが理由です。

しかし、Instagramの企業利用が進み、幅広い業界で使われはじめた中で、商品そのものは特に見栄えがしなくても「商品が魅力的に見える活用シーン」や、「商品のあるライフスタイルの提案」といったテーマの写真で訴求し、成果を上げる事例が増えています。筆者はこれを「間接的な訴求」と呼んでいます。

▶ 見栄えのする商品と工夫が必要な商品 図表05-1

商品自体の見栄えがいいネイルケア用品のボトルを直接訴求

見栄えがしにくいDIY用品は「親子で楽しくDIYするシーン」で間接的に訴求

●「自分もやりたい」「体験したい」と思わせよう

間接的な訴求では、商品の活用シーンを切り取ったビジュアルから体験を想像させ、ユーザーの気持ちを動かすことが重要です。

たとえば 図表05-2 では、冷たくておいしそうなコーヒーフロートのビジュアルとレシピの紹介から、コーヒーフロート作りに欠かせないグラスなどのアピールにつなげています。

同様の手法で、おいしそうな料理の写真やパーティの様子から調味料や野菜を紹介するといった形も考えられます。写真で「自分もやってみたい」「自分もこんな写真を撮ってみたい」と思わせ、商品の紹介につなげることがポイントです。

▶ 間接的な訴求の例（HARIO） 図表05-2

コーヒーフロートを作る動画の中で自社商品を使用

レシピとともに、使用アイテムとして自社商品を紹介

HARIO（@hario_official）の投稿より

同じような写真を撮ってみたくなったり、自分でも行動したくなったりするような写真が効果的です。

質疑応答

Q Instagramは今後、動画メインのサービスになっていきますか？

A 「IGTV」の登場で動画も気になりますが、すぐにメインにはならず、Instagramはまだしばらく写真中心の状態が続くと考えています。

スマートフォンの登場によるもっとも大きな変化は、可処分時間の使い方に現れています。私たちは時間や場所にとらわれず、SNSなどのコンテンツやコミュニケーションを利用するようになりました。Instagramで投稿を見て、いいねやコメントをするのも、その1つです。

スマートフォンによる時間の消費は「細切れ」かつ、すぐに切り替えがきく「非独占」状態であることが特徴です。その点、IGTVのような動画は数分〜60分という長い時間を独占的に要求するため、単純にInstagramで写真を見る行動を置き換えられるとは考えられません。実際、IGTVで閲覧開始から1分以上動画を見続けるユーザーは、全体のごく一部という状況です。スマートフォンユーザーが長時間の動画をすぐ見るようにはならないと感じています。

スマートフォンで動画を長時間見続けるユーザーは少なく、IGTVで大勢のユーザーを長時間惹きつける動画もすぐには登場しないと予想される

Chapter 2

Instagramマーケティングの戦略を立てよう

> Instagramマーケティングの全体的な戦略を立てましょう。写真の投稿だけでなく、定番となる施策やユーザーの行動を理解して、広い視野で考えていくことが大事です。

Lesson **06** ［基本の施策と組み合わせ］
Instagramマーケティングの代表的な4施策を把握しよう

このレッスンのポイント

Instagramマーケティングの施策は、自社アカウントを開設して写真を投稿するだけではありません。予算やリーチ、発信者の立場などが異なる、代表的な4つの施策の特徴を覚えておきましょう。

○ 自社で発信するだけでなく、ユーザーの発信も活用する

Instagramマーケティングでは、自社からの発信とユーザーからの発信を使い分け、情報によって効果的な方法を選ぶことが重要です。

自社からは商品の詳細な価格やスペック、発売日、ブランドとしてのメッセージなど公式の情報を発信し、情報を調べるユーザーが見つけやすいようにしましょう。一方で「この商品のここがよかった」という顧客視点の感想や、「こんなふうに使っている」といった活用アイデアなどは、自社ではなく実際のユーザーから発信してもらったほうが効果的です（図表06-1）。**SNSは、他者とのコミュニケーションで成り立つ場**です。自社からの情報とユーザー発の情報の両方を多く流通させ、できるだけ広い範囲に情報を届けることが理想です。

▶ 自社による発信とユーザーからの発信　図表06-1

 自社からの発信

正確さを保証する公式の情報や、企業としての考えなど。

・商品の公式な画像
・商品の価格、スペック
・ブランドとしてのメッセージ

 ユーザーからの発信

感想や評価など、ほかのユーザーが自分ごととして受け止めやすい情報。

・顧客視点の評価や感想
・ファンとしての思い入れ、好意
・実生活での活用アイデア

自社アカウントからの発信だけでなく、ユーザーからの投稿を増やすことも考えましょう。両面からの仕掛けで効果が高まります。

032

◯ 予算をかければ一気に多くのユーザーにリーチできる

Instagramマーケティングの代表的な施策には、図表06-2に挙げる4種類があります。ユーザーへのリーチの視点から、4つの施策を見ていきましょう。

基本となる第1の施策が「自社アカウント」を運用することです。しかし、自社に高い知名度やブランド力がないとなかなかフォロワーは集まらず、リーチを広げることは難しいでしょう。

そこで、第2第3の施策として「インフルエンサー連携」や「投稿キャンペーン」を組み合わせます。インフルエンサー連携は、すでに多くのフォロワー、つまりリーチできる範囲をもつインフルエンサーに商品の紹介などを依頼するものです。投稿キャンペーンは、商品と関連した投稿テーマを設定し、特典も用意して投稿を募集します。参加者の投稿によりリーチが広がるだけでなく、特典の送付に関する連絡のため自社アカウントをフォローしてもらったり、投稿する写真を撮る過程で商品への関心を高めてもらったりと、副次的なメリットも多い施策です。ただし、どれだけ参加を集められるかは企画によるところが大きく、難しさもあります。

第4の施策は「Instagram広告」です。広告というと、通常のコンテンツに異質なコンテンツを挟み込むものと捉えられるかもしれませんが、Instagram広告はユーザーにとって違和感のないコンテンツ、つまり==通常の投稿のような写真や動画を、フォロワーでない多くのユーザーに一気に届ける==ものと考えてください。費用はかかりますが、短期間でもっとも多くの人数にリーチできる可能性をもつ施策です。

▶ **4つの施策がもつリーチの違い** 図表06-2

自社アカウントよりもインフルエンサー連携や投稿キャンペーン、Instagram広告が広くリーチできる

○ 自社アカウントを「受け皿」として育てよう

前ページで述べた4施策のうち、リーチの広さだけを考えると、自社アカウントの運営はもっとも効果が薄いように見えます。しかし、自社アカウントの存在意義はリーチではなく、==ファンとの常設の接点==となることにあります。

インフルエンサー連携、投稿キャンペーン、Instagram広告は、いずれも期間限定の施策となり、ファンとの継続的なコミュニケーションには適しません。一方、自社アカウントは常に存在します。図表06-3 のように、ほかの施策で自社に関心をもったユーザーの「受け皿」として自社アカウントを位置づけ、フォローしてもらうよう導線を作りましょう。

==ほかの施策で広くリーチし、受け皿である自社アカウントでフォロワーを受け止める==ようにすれば、自社アカウント自体のリーチも広がっていきます。

このように、自社アカウントを育てることを意識してInstagramマーケティングを継続していけば、徐々に高い成果を上げられるようになっていきます。

▶ 自社アカウントは「受け皿」 図表06-3

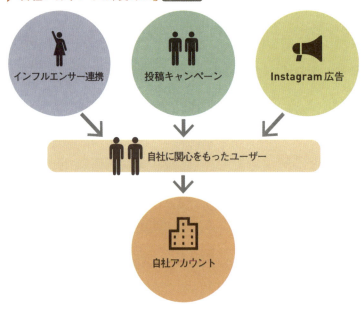

ほかの3施策は単発のものですが、自社アカウントの運営はずっと続きます。すべての施策の成果を自社アカウントで受け止め、徐々に育てていくようにします。

◯ 施策の組み合わせで相乗効果を狙おう

施策の成果を高めるには、複数の施策を同じタイミングで実施し、相乗効果を狙うことが効果的です。
たとえば、インフルエンサー連携で商品と同時に投稿キャンペーンの紹介をしてもらえば、多くのユーザーに参加を促すことができます。そのうえで広告を出稿すれば、より高い告知効果が得られます。ノウハウが蓄積してきたら、新商品の発売などのスケジュールにもとづき、Instagramマーケティングの年間計画を立てましょう。

▶ 施策の相乗効果を狙う例 図表06-4

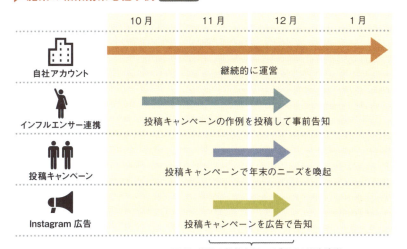

◯ まずは自社アカウントの運営から

Instagramマーケティングをこれから始める企業では、自社アカウントの運営から始めましょう。まずは地道に写真を投稿し、30件程度の写真がある状態を作ります。
自社に興味をもったユーザーは、プロフィールや過去の投稿を確認します。このときに投稿が少なかったり、プロフィールが書いていなかったりしたら去ってしまうでしょう。初めてユーザーが接触する時点で、プロフィールや投稿が整った状態にしておくのが望ましいのです。

▶ プロフィールの例 図表06-5

自社の情報がわかり、過去の投稿も見られる

Lesson [ユーザー行動モデルの理解]

07 Instagramで起こる ユーザーの行動を理解しよう

このレッスンのポイント

Instagramにおけるユーザーの行動を、「SIPS」という行動モデルに沿って考えましょう。「共感」から行動が始まり、商品の購入と情報の発信や拡散が、同じタイミングで起こることが特徴です。

○ SNS時代のユーザー行動モデル「SIPS」

マーケティング施策の効果を考えるため、ユーザーの行動をモデル化して捉えましょう。「AISAS」「AIDMA」などの行動モデルもありますが、本書では、電通モダン・コミュニケーション・ラボがSNS時代の生活者行動モデルとして提唱している「SIPS」を参考にします。

SIPSは、図表07-1 のように「共感する」「確認する」「参加する」「共有・拡散する」の4つのプロセスの頭文字をとっています。

「参加する」の中に、商品の購入から話題に加わるだけのゆるやかな参加まで、さまざまな深さを含むのがユニークな点です。

また、プロセスの始まりは単なる「認知」ではなく、感情が動かされる「共感」が必要だとしています。ここでいう共感には、写真など投稿内容そのものに対する共感と、投稿者への共感のいずれも含むとされます。

▶ SIPSモデル 図表07-1

Sympathize（共感する）	Identify（確認する）	Participate（参加する）	Share & Spread（共有・拡散する）
投稿された写真や動画、または投稿者に共感する	共感した情報を知人や企業の投稿などで確認する	参加する。購入したり、軽く話題にしたりとさまざまな深さがある	情報が広がり、ほかのユーザーに届く

写真や動画への共感、いいねしたい気持ちをきっかけに行動が起こる SIPS モデルは、Instagram 上のユーザー行動をイメージしやすい考え方です。

◯「共感」と「参加」のサイクルを起こそう

SIPSモデルをもとに考えると、Instagramマーケティングではユーザーに「共感」してもらい、その後「参加」を促すことが基本の枠組みとなります。

最初に共感を生み出すのは、タイムライン上の写真や動画です。作品としての質だけでなく、信頼するユーザーからの投稿であることも共感しやすい条件なので、インフルエンサー連携や投稿キャンペーンで多様なユーザーの投稿を増やすことが、共感を生むために有効です。

共感したユーザーは、商品の情報を「確認する」プロセスに移ります。この段階では、自社から公式に発信する投稿や、ウェブサイトで情報を公開しておくことも重要です。

確認して購入を決めたユーザーは「参加する」のプロセスに進みます。購入し、商品について発信することも参加の形ですが、ただ話題にするだけのユーザーも、参加していると考えます。

最後の「共有・拡散する」のプロセスで企業ができることは多くありませんが、その前の3段階をしっかりと設計すれば、共有・拡散した情報が次の共感を生むサイクルを作り出せます。

▶ **SIPSモデルで見る企業とユーザーの行動の例** 図表07-2

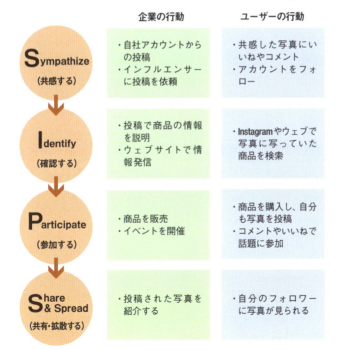

Lesson 08 ［注力する施策の選び方］
ユーザーの検討段階から注力する施策を決めよう

このレッスンのポイント

具体的なコミュニケーションのために、自社のターゲットを「潜在層」「顕在層」「既存顧客」の3段階に分け、それぞれに効果的なメッセージを考えましょう。事業の状況から、どの層向けの施策に注力するかを決めます。

○ 認知から購入後まで幅広い層を意識する

Instagramはほかの SNS と比べて、投稿のリーチ率（フォロワー数のうち投稿を見たユーザー数の割合）が高い傾向があります。好きな投稿者をよく選んでフォローするユーザーが多いためでしょう。

マーケティングでは 図表08-1 のように、まだ自社や商品を認知していない「潜在層」、商品に関心をもって検討中の「顕在層」、購入後の「既存顧客」のように施策のターゲットを検討段階で分類し、使用するメディアや発信内容を分けることがあります。しかし、Instagramにはすべての層のユーザーがいて、どの層にも高い確率でリーチ可能です。そのため、特定の層だけを意識するのでなく、すべての層に向けてメッセージを発信したほうが、顧客の獲得や商品の販売といった目的を達成しやすくなります。

▶ ターゲットユーザーの3つの段階　図表08-1

潜在層
潜在的なニーズはあるが、自社や商品をまだ認知していないユーザー

顕在層
商品を知り、関心をもち、購入を検討している段階のユーザー

既存顧客
すでに商品を購入した経験があるユーザー

既存顧客の投稿に潜在層が共感して顕在層になるなど、ユーザー同士のコミュニケーションが検討段階を進めることも期待できます。

検討段階別に施策を考えよう

本書では、先述の「潜在層」「顕在層」「既存顧客」の3段階で、それぞれに適した施策を考えていきます。潜在層は企業から存在を確認できていない顧客、顕在層は接点ができた顧客、と分類する場合もありますが、本書では認知や関心の有無で分かれると考えます。

Instagramは写真や動画がメインなので、潜在層に対しては写真を見てもらう機会を増やすことで、認知や関心（SIPSでいえば共感）の獲得を目指します。たとえば雑貨屋の場合なら、文房具好きにはストレートに文房具の写真、猫好きには猫モチーフの雑貨の写真のように、さまざまな切り口の写真で、関心をもってもらうきっかけを作りましょう。

顕在層のユーザー向けには、購入を後押しすることを狙います。「写真や動画でどうやって後押しするのか？」と思う人もいるかもしれません。具体的な利用シーンや活用アイデアの提案がある写真、または商品を使った楽しさや気持ちよさが伝わる写真によって気持ちを後押しするのが王道のやり方です。

既存顧客向けには、リピート購入やロイヤリティ（ブランドへの信頼、忠誠度）の向上を目指して情報を発信します。新商品の情報や、買い替え、買い増しをしたくなる提案を込めた写真でアピールしましょう（図表08-2）。

▶ 写真で検討段階を進める例　図表08-2

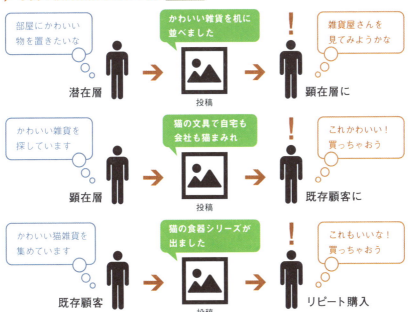

検討段階に合わせた投稿でアピールしていく

立ち上げ期はとにかくリーチ増に注力する

Instagramで新しくマーケティングを始める場合、通常は潜在層に向けて認知や関心、または共感を得るための施策から始めます。新商品や新ブランドを立ち上げたときも、まずは知ってもらわなければ始まりません（**図表08-3**）。

この段階の商品や企業は、とにかく多くのユーザーにリーチすることを目標として取り組みます。投稿の数を確保し、撮影するシチュエーションや商品の見せ方のバリエーションも変えた写真で、ユーザーの共感を引き出しましょう。==広告などほかの施策を組み合わせてリーチを拡大する==ことも効果大です。

▶ **潜在層向けにはリーチを重視** 図表08-3

ターゲットユーザー　　　　　　自社の状況

注力

新規に Instagram マーケティングを開始する場合

新商品や新ブランドの立ち上げ時

潜在層

顕在層

既存顧客

潜在層の認知や関心の獲得に注力して、投稿のリーチを増やす

十分に名前が知られた商品は購入の後押しに注力

潜在層向け施策で十分なリーチを得た商品や、すでに名前が知られている商品では、購入を後押しする施策に注力します。また、食品や飲料などの単価が低くてすぐ購入できる商品は、はじめから購入を意識します（**図表08-4**）。

商品の活用シーンの提案や便利さのアピールを写真に盛り込み、「欲しい」「使いたい」「食べたい」と思わせることを狙いましょう。そのうえで、==購入までのスムーズな導線を整備==します。自社のウェブサイトを整備してプロフィールからリンクしたり、すぐ買えるようにショッピング機能を設定したりすることが有効です。

▶ **顕在層向けには購入の後押しを重視** 図表08-4

ターゲットユーザー　　　　　　自社の状況

注力

十分な認知・関心を獲得した場合

単価が低く衝動買いされやすい商品の場合

ビジュアルの印象だけで購入を決定できる商品の場合

潜在層

顕在層

既存顧客

「欲しい」「使いたい」と思わせる提案がある投稿を行い、同時に購入までの導線を整える

● 既存顧客が多いブランドはリピート購入を促す

すでに多くの顧客をもつブランドは、はじめからファンや既存顧客向けに情報を発信することが有効です。

既存顧客は未購入のユーザーよりも少ない働きかけで、高い売り上げを期待できます。ブランドの世界観を強く反映した投稿で楽しんでもらいながら新商品や関連商品を紹介し、ロイヤリティの向上やリピート購入を狙いましょう（ 図表08-5 ）。

既存顧客やロイヤリティの高いファンの多くは自社アカウントをフォローしたり、関連するハッシュタグをチェックしたりしてくれると考えられます。==自社アカウントからの投稿に工夫を凝らす、ファンが楽しめる投稿キャンペーンを企画する==などして、ファンを楽しませましょう。

▶ 既存顧客向けにはリピートやロイヤリティ向上を狙う 図表08-5

ターゲットユーザー

- 潜在層
- 顕在層
- 既存顧客 ← 注力

自社の状況
- すでに多くのファンや既存顧客がいる
- 熱心なファンによる盛り上げが期待できる

世界観を強く反映した写真でファンを楽しませる。新商品を紹介する

有名なタレントやキャラクター、高級ブランドなどのアカウントは、既存顧客やファンを一番に意識した活動をしています。

👍 ワンポイント　メルマガなどの代わりに位置づけることも

既存顧客向けに行っている施策からの置き換えとして、Instagramを位置づけることもできます。たとえば、購入者向けメールマガジンの開封率が低いことに悩んでいた小売店が、Instagramでの写真を中心にしたアピールに切り替えるような形です。メールマガジンの作成・配信よりも簡単なうえ、顧客も気軽に見られるので、高い効果が期待できます。

Lesson **09** ［ハッシュタグの設計］

自社や商品に関連するハッシュタグを調査しよう

このレッスンのポイント

投稿のリーチを広げるために、ハッシュタグの活用は欠かせません。フォロワーの投稿などから自社や商品に関連して使われているハッシュタグを調査し、リーチ増に効果的なものを見つけてください。

○ どんな施策にもハッシュタグは重要

Instagramのハッシュタグは、検索のキーワードであると同時に、ユーザーの関心を言語化したものでもあります。自社に関連するハッシュタグを把握しておくことは、Instagramにおける検索に備えるだけでなく、トレンドや顧客の関心を理解するためにも欠かせません。

レッスン04では4種類の性質をもつハッシュタグを紹介しましたが、中でも企業が注目しておきたいのは、「被写体に関する情報」と「つながりを作る」の2種類です。

「被写体に関する情報」のハッシュタグは、顧客がどのようなキーワードから自社の情報にたどり着くかを考えて使います。店舗のある地名や駅名、取り扱っている商品名やブランド名が代表的です。自社にあてはまるハッシュタグはなにかを意識するとともに、同じハッシュタグで検索したときに競合他社の投稿が目立つようなら、その内容をよくチェックして参考にするといいでしょう。

「つながりを作る」ハッシュタグは、ユーザーにハッシュタグのつながりから自社アカウントを発見してもらうために使います。自社アカウントのフォロワーや競合他社のアカウント、または顧客に近い属性をもつユーザーの投稿を観察し、どのようなハッシュタグが使われているかを調べましょう。

ユーザーとのつながりを作るために、周囲でどのようなハッシュタグが使われているかを把握し、自社アカウントでも効果的に使うようにしましょう。

○「なにを探すユーザーにリーチしたいか」を考える

自社の投稿につけるハッシュタグは、Instagramで情報を検索するユーザーに見つけてもらうことを考えて決めます。

1つの投稿には最大で30個のハッシュタグをつけられますが、投稿するたびに30個も考えるのは大変です。10個程度はユーザーの検索を意識した定番のタグとして決めておくのがいいでしょう。

飲食店など店舗をもつ業態なら「#渋谷カフェ」「#下北沢カレー」のように自社の「場所＋業種や商品名」を組み合わせたもの、ECサイトや小売店なら取り扱っている商品名や商品カテゴリーを表す「#ブランドバッグ」「#メンズファッション」などが一例です。

「#カフェ」「#レストラン」のような意味の広いものから、「#水出しコーヒー」「#マトンカレー」のような取り扱い商品そのものを指すニッチなキーワードまでを考えておきましょう。

▶ Instagram検索で店を探す例　図表09-1

「#渋谷カフェ」の検索結果。店の雰囲気やメニューがひと目でわかり、今の気分に合った店を探せる

○ 投稿キャンペーンでは独自のハッシュタグに

インフルエンサーに投稿を依頼したり、自社で投稿キャンペーンを行ったりするときには、自社に関連したハッシュタグだとわかるユニークな（ほかと重複しない）ハッシュタグが必要です。

特定のハッシュタグをつけた投稿の中から抽選で特典を贈る、または自社のInstagramアカウントで紹介するといったキャンペーンは、独自のハッシュタグを設定しないと無関係な投稿との区別がつかず、キャンペーンが成立しません。商品名や自社名を組み合わせて、ユニークかつ覚えやすいハッシュタグを考えるようにしましょう。

● つながりを作るタグは浮かないように注意を

つながりを作るハッシュタグの多くは自然発生的に生まれ、多くの投稿者の間で使われるようになったものです。

たとえば「Outfit Of The Day」（今日の服装）を略したハッシュタグ「#ootd」は、世界の投稿者が自分のコーディネートを公開するタグで、2億件もの投稿があります。この日本語版にあたるハッシュタグ「#今日のコーデ」の投稿件数も数百万に達しています。さまざまなテーマで見られる「#○○好きな人と繋がりたい」や「#○○部」のようなハッシュタグも、ほとんどは自然発生的なものです（図表09-2）。このようなハッシュタグを企業が使い、たとえば、カフェのアカウントが「#カフェ巡り好きな人と繋がりたい」ハッシュタグで投稿してリーチを狙うこともできます。うまくいけば、同じハッシュタグを使う投稿者に関心をもってもらえるでしょう。

しかし、宣伝色が強い投稿や、堅苦しい雰囲気の企業アカウントが使うと、ハッシュタグの検索結果の中で浮いてしまい、うまくいきません。自社の顧客になりそうな人がよく使用していて、自社アカウントの投稿が受け入れられやすいハッシュタグを探し、ほかの投稿者の表現を参考にしながら使うようにしましょう。

▶ **つながりを作るタグのついた投稿の例** 図表09-2

「#カフェ巡り好きな人と繋がりたい」など、つながりを作るハッシュタグが多数ついている

ハッシュタグの検索結果を見て、その傾向に合った写真を投稿しましょう。決まった傾向がなく多様な写真が混在しているようなら、自社のもち味を素直にアピールするのが適切です。

●「トップ」に長期間掲載されるハッシュタグを探そう

Instagramの検索結果は「トップ」と「最近」という2つのタブで構成され、最初に「トップ」タブが表示されます。そのため、リーチを増やすには「トップ」タブに表示されることが重要です。

「トップ」タブを狙うには、短時間に多くの「いいね」を集める必要があります。投稿件数が多いハッシュタグは競争が激しいため、「トップ」タブに載りにくく、意外とリーチにはつながりにくいです。一方、マイナーなハッシュタグは「トップ」タブに載りやすくても、そもそも検索される頻度が低いため、やはりリーチはあまり増えません。「トップ」タブに表示され、うまくリーチを伸ばすには、自社のアカウントに合った規模のハッシュタグを考える必要があります。

「トップ」タブを狙うには、自社アカウントのフォロワー数に対して1〜10倍の投稿件数があるハッシュタグをつけてみることをおすすめします（図表09-3）。

たとえば、ランチを提供する飲食店で、自社アカウントのフォロワーが100人、「#神保町ランチ」の投稿が1万件だとします。これだと「トップ」タブを狙うのは難しいでしょう。

しかし、投稿が1,000件ほどの「#神保町グルメ」なら、うまくいけば「トップ」タブを狙えるかもしれません。もっと投稿件数が少ないハッシュタグなら、より確実に「トップ」タブに入れるでしょう。「トップ」タブに入るのが難しい投稿件数のハッシュタグも、「最近」タブからのリーチを狙ってつけるべきです。投稿件数が多いものから少ないものまで複数のハッシュタグを使い、どれで「トップ」タブに入れたかを検証して、使うハッシュタグを最適化していきましょう。

▶ 投稿件数とフォロワー数から最適なハッシュタグを探る例　図表09-3

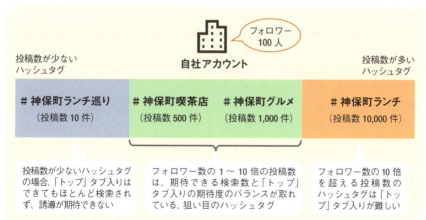

自社アカウントのフォロワー数を参考に、「トップ」タブ入りが狙えて投稿件数の多いハッシュタグを見つける

Lesson 10　[担当者の人選]

Instagram担当者は若い人や写真好きでなくてもOK

このレッスンのポイント

Instagramの担当者には、若い人や女性が適任だという固定観念があるかもしれませんが、年齢や性別は重要な条件ではありません。小さな改善の繰り返しが得意な人を選びましょう。

◯ 担当者に必要なのは「響く写真を選べる」こと

自社でInstagramを始めたいけれど、適任の若い人材や写真を撮れる人材がいなくて困っている、という話をときどき耳にします。「インスタグラマー」として目立つのは圧倒的に若い女性ですが、現在のInstagramは幅広い年齢層の男女が利用しています。「Instagramの担当者は若者や女性にしたほうがいい」と考える必要はありません。

また、写真が得意であることも必須の条件ではありません。商品の写真が重要な企業では、カタログなどのために撮影した写真が流用できる場合もあるでしょう。Instagram用に従来よりも多くのカットを撮影してもらい、投稿する写真を選ぶようにしましょう。もしも小さな店舗などで自分で写真を撮影する必要がある場合は、親しみを感じてもらうことが狙いの1つになるはずです。特別に写真が上手である必要はありません。

大切なのは、==ターゲットに響く写真を選んだり、撮影時に発注したりできること==です。多くの場合、ただ美しい写真よりも、商品の利用シーンをイメージできる写真のほうが、購入意欲を高めるでしょう。自社の商品とターゲットを熟知したマーケターや広報担当者が、Instagramの担当者に適しています。

若者の感覚がわかることや、写真が上手なことは、必ずしも必要なわけではありません。自社の商品をよく知り、ユーザーと向き合って取り組める人を選びましょう。

○ 分析と小さな改善が得意な人が最適

Instagramマーケティングは、施策を立案・実施して成果を確認し、改善するという地道な取り組みの繰り返しです。担当者には、データを見ながら何度も試行錯誤し、小さな変化を成果として楽しめる性格の人が適しています。

写真を使うInstagramには華やかな印象がありますが、実際の施策では投稿する時間帯やハッシュタグを変えながら反応の違いを確認したりと、意外と地味な作業が多いです。筆者が知るInstagramマーケティングで業績を上げている企業の担当者にも、30〜40代の男性で==データを見ながらこつこつと改善を続けている人==が多数います。

○ SNSが苦手でないことが望ましい

Instagramマーケティングの担当者に求めることとして、さらに欲をいえば、SNSでのコミュニケーションを負担に感じない人がいいでしょう。ユーザーの投稿やコメントを確認し始めると、数が多くてきりがなくなります。さまざまなユーザーからの多様なコメントを読むうちに、気疲れしてしまう人もいます。==聞き入れるべき声は拾い上げ、必要でない声は聞き流せる、取捨選択のセンスがある人==が望ましいです。個人の活動としてもSNSをよく見ていて、多様な意見を見慣れた人が向いています。

また、キャプションの語尾を「〜です。」から「〜ですね。」にするようなわずかな調整が、ユーザーに与える印象をがらりと変えることもあります。Twitterアカウントの運用経験があるなど、SNSにおける文章表現の勘所をよく知っている人がいたら、Instagramでも生かせるでしょう。

▶ **Instagram担当者に求められること** 図表10-1

Instagram担当者には、小さな改善を続け、ターゲットに響く写真を選んでいけることがもっとも必要

Lesson 11 ［業種別フレームワークの基本］

「共感」から「参加」の基本パターンを覚えよう

このレッスンのポイント
ユーザーの「共感」を獲得して「参加」に至るまでの道筋を作ることが、Instagramマーケティングの基本形となります。以降のレッスンで解説する、業種別のフレームワークの基本を見ていきましょう。

ユーザーの行動モデルに合わせて戦略を立てる

ユーザーと自社との関わりをレッスン07で解説した「SIPS」モデルで考えると、図表11-1で示すように認知や関心を得る「共感する」プロセスから始まり、購入などの「参加する」に至る道筋が見えてきます。

以降のレッスンでは、「SIPS」モデルに合わせた「共感する」から「参加する」までの施策の組み立て方を、Instagramマーケティングの業種別フレームワークとして解説していきます。

▶「SIPS」の流れと施策のフレームワーク　図表11-1

ユーザーの行動	自社の施策の狙い
S（共感する）	認知、関心を獲得する
I（確認する）	購入を後押しするための情報を発信する
P（参加する）	販売する／サービスを提供する
S（共有・拡散する）	情報を拡散する

「SIPS」の「参加する」には、購入して発信するだけでなく、購入せず話題に参加するなど、さまざまな段階が含まれています。購入しないユーザーも話題の広がりに協力してくれます。

◯ どんな商品でも共感を作り出せる

Instagramユーザーには、いつも写真を撮る題材を求めている人が多数います。そのような人たちの共感を引き出す方法は、いくつも考えられます。新しい服で「自分もこれを着た写真を撮りたい」と思わせたり、美しい風景で「この場所の写真を撮りたい」と感じさせたりするのも、1つの方法です。

レッスン05では「間接的な訴求」という言葉を使いましたが、商品そのものが見栄えのするものでなくても、楽しそうな場面や気持ちよさそうな情景から「自分もやりたい」と思わせられれば、それが共感につながります。どんな商品にも、ユーザーの共感を引き出すきっかけとなるポイントは存在するのです。

▶ **Instagramで生まれるさまざまな「共感」** 図表11-2

写真から、商品に合ったさまざまな共感を引き出す

◯ ショッピング機能で「参加する」が簡単に

「参加する」のプロセスでは、自社の店舗や予約サイトなどで購入したり、来店やサービスの利用などをしてもらったりする必要があります。Instagram上では購入までユーザーの気持ちを後押ししつつ、いかに購入までの導線を作るかを考えることになります。

ショッピング機能の提供開始により、ECサイトをもつ企業は、従来よりも簡単な「参加する」の手段を提供できるようになりました。これまでよりも戦略の幅が広がり、簡単にできるようになったといえます。

> 以降のレッスンでは、業種別の「共感」から「参加」までのフレームワークを解説します。

Lesson 12

[業種別フレームワーク①:アパレル／ファッション]

アパレル／ファッション系商品はトレンド感の醸成を重視する

このレッスンのポイント

Instagramを早い時期から利用していた企業も多いアパレル／ファッション系の商品は、写真で商品の魅力を伝えやすいのが特徴です。露出を増やし、買いたい気持ちを盛り上げることが基本戦略となります。

○「自分も真似したい」と思わせる訴求がカギに

衣類や靴、バッグなどアパレル／ファッション系の商品は、写真のパッと見の印象だけで商品の魅力が伝わります。また、モデルの表情や仕草だけで身にまとったときの気持ちの高まりを伝えることもでき、ユーザーの共感を引き出しやすい商品です。

こうした商品では、「あこがれの人がこれを買っている」「これが流行り始めている」というトレンド感の訴求がカギです。まずトレンドリーダーである<u>インフルエンサーが身につけ始め、少しずつ話題が広がっていく</u>様子を見せながら、「あこがれの人が身につけているから自分も」「これから話題になりそう」「今のうちに買いたい」と感じられるようにします。

▶ アパレル／ファッションの共感ポイント　図表12-1

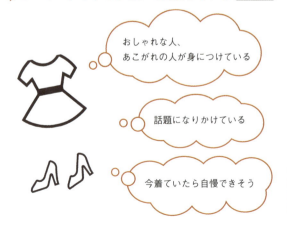

インフルエンサーが身につけている様子から、トレンドが盛り上がっている、早く自分も乗りたいと感じてもらう

◯ トレンドの盛り上がりが感じられるよう何重にも仕掛ける

トレンド感を盛り上げるには、何重にも仕掛けて投稿を増やすのが有効です。たとえば、最初はタレントやモデルに商品を紹介してもらい、次にはもう少し身近なインフルエンサーに紹介を依頼します。やがて自然に盛り上がって投稿が増えることもありますが、そうならない場合も想定して、一般ユーザーへ試用のためのプレゼント（アパレル業界では「サンプリング」とも）を行ったり、投稿キャンペーンを行ったりと、複数の施策で露出を増やしましょう。

◯ 投稿を増やして購入を後押ししよう

ただ露出を増やすだけでなく、関心をもって情報を調べようと検索したユーザーを、購入に向けて後押しすることも重要です。適切なハッシュタグをつけて、検索結果の「トップ」タブに見栄えのする写真が並ぶようにしましょう。ユーザーは「みんなが買っている」「こんな組み合わせもできる」とわかることで、より安心して買えるようになります。

流行りだした商品は、商品のカテゴリー名や一般名のハッシュタグが流行し、ほかのメーカーやショップも同じハッシュタグで投稿するようになります。このような定番化したハッシュタグでは、いかに自社を露出するかがポイントになります。

図表12-2 は2018年前半に流行した「#クリアバッグ」の検索結果です。ユーザーはこの中から気に入った写真をタップし、販売店などの詳細な情報を知ろうとするでしょう。定期的に新しい投稿をして、「トップ」タブ入りを狙っていきましょう。

▶「#クリアバッグ」の検索結果 図表12-2

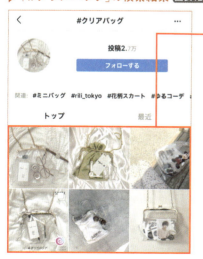

「#クリアバッグ」の検索結果には多くの写真が並び、ユーザーは安心して商品を購入できる

定番化したハッシュタグは「トップ」タブ入りの争いが激しくなりますが、入れば高い露出効果が期待できます。

Lesson 13 ［業種別フレームワーク②：スキンケア／コスメ］

スキンケアは「効能」、コスメは「使用後」のアピールが鉄板

このレッスンのポイント

スキンケアやコスメの商品はInstagramマーケティングが盛んで、王道といえるパターンが確立しています。商品自体の魅力を伝えるだけでなく、競合商品との差別化も意識したアピールで、ユーザーの気持ちをつかみましょう。

○ 王道の見せ方を押さえよう

化粧水や乳液のほか、石鹸やシャンプー、洗顔料などをここではスキンケア用品の仲間と考えます。スキンケア用品や化粧品（コスメ）は、Instagramマーケティングの最先端を走り続けているともいわれ、効果的な手法が確立しています。

スキンケア用品では、透明感やツヤ感などをアピールする商品そのものの写真を使って、キャプションで成分の特徴や効能を紹介するのが王道です。スキンケア用品は見た目の印象だけでなく成分や効能を評価するユーザーも多いため、文字情報は欠かせません。

化粧品では、自社のモデルやインフルエンサーを使って使用後の顔、または顔のパーツをアピールします。メイクアップした姿の美しさは、なによりも正直に化粧品の魅力を語ります。そのうえで、おしゃれな商品のパッケージもアピールしていきましょう。

▶ スキンケア／コスメの共感ポイント　図表13-1

スキンケア用品では効能を伝え、化粧品では実際に使用した顔の写真を見せて、自分も使いたいと思ってもらう

◯ 商品の詳細な解説や試用の情報を提供しよう

スキンケア用品を買うユーザーはしっかりと情報を収集・検討し、できれば試用もしてから購入したいと考えています。自社のウェブサイトやショッピング機能で誘導するECサイトで、成分や効能、テスターがある店舗、試供品の申し込み方法などの情報を提供しましょう。
インフルエンサーに商品の紹介を依頼するときには、==独自のアピールポイントや競合商品との違いを十分に説明したうえで、しっかりと使用感を書いてもらう==ようにします。インフルエンサーが明らかに知識不足な投稿をしたら、インフルエンサー本人も自社も、ユーザーの不信を買ってしまいます。

> インフルエンサーと連携するなら、実際に商品を使っている人や、知識のある人を探しましょう。

◯ インフルエンサーの起用時は競合に注意を

スキンケア用品や化粧品でインフルエンサーを起用する場合には、特別に注意したいことがあります。これらの商品の紹介を依頼するインフルエンサーは、過去の一定期間、少なくとも1カ月以内に競合他社の商品を紹介していないことをチェックしてください。また、==自社商品を紹介したあと、商品を使いきるまでの平均的な期間は競合他社の商品を紹介しない==ことを契約時の条件としましょう。
競合他社の商品を同じ人に紹介してほしくない、という心理はどの業種にもあるでしょうが、異なるブランドの服を組み合わせたコーディネートをしたり、競合他社の食品を一緒に食べたり、といったことは日常でもよくあります。しかし、スキンケア用品や化粧品は同じ役割の商品を同時に使わないのが普通です。また、1つ商品を買えば、使い切るまでの期間は同じ商品を使い続けるものです。
そのため、インフルエンサーが短期間に複数社のスキンケア用品や化粧品をすすめても、ファンにしてみれば不自然で、すぐ買い替えは考えられないでしょう。ファンが困惑し、インフルエンサーの影響力が消失してしまいかねません。こうしたことは避けましょう。

> 競合の商品を紹介するには期間を空けるという配慮について、インフルエンサー自身は意識していない場合もあります。依頼する側が注意しましょう。

Lesson 14

[業種別フレームワーク③：食品／飲料]

食品や飲料は視覚的な魅力が最大化する場面を切り取る

このレッスンのポイント

食品や飲料は、日々購入の機会があるので、そのときの候補として記憶に残るようにします。Instagram上でビジュアルの魅力を最大限にアピールし、一気に購入までもっていく形を作りましょう。

○ 視覚に刺さり、すぐに買いたいと思わせる写真が最強

調味料などを含む食品や飲料は単価が低く、購入までほとんど検討を必要としない商品です。潜在層が関心をもったら、すぐに購入して既存顧客になるでしょう。Instagram上では視覚的な魅力をストレートにアピールして、購入を後押しすることを意識します。

製法や産地の「こだわり」、カロリーの低さや栄養素による「健康」など、食品や飲料をアピールする切り口は多様です

が、パッと見て「おいしそう！」「食べてみたい！」または「作ってみたい！」と思わせるのが最良の方法です。健康アピールなどは文字情報が必要で、Instagramで行う必然性が低くなります。こだわりのような深い物語性があるアピールは既存顧客やファンのロイヤリティ向上に有効ですが、Instagramに多数いるであろう潜在層には響きにくいため、ベストな方法とはいえません。

▶ **食品／飲料の共感ポイント** 図表14-1

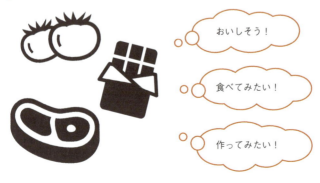

見た瞬間に欲しい（食べたい、または作りたい）と思えるビジュアルでユーザーの心をつかむ

◯ テーブルコーデやレシピとしてアピールする

食品や飲料は、パッケージでなく、口にするシーンを直接イメージできるようにするのが効果的です。テーブル全体をコーディネートしたり、盛り付けに凝った写真に加えてキャプションでレシピを紹介したりする見せ方が、商品の視覚的な魅力を最大化できます。料理が得意なインフルエンサーに、オリジナルレシピを依頼するのもいいでしょう。

一方で、王道ではないユニークな見た目やアイデアが、ユーザーの心を捉えることもあります。2018年の初夏に、紙パックの豆乳をそのまま凍らせた「豆乳アイス」が話題になりました。「#豆乳アイス」で検索すると、図表14-2のようにアイスクリーム状に凍らせた豆乳の写真が多数表示され、コンセプトがひと目で伝わります。このような写真を見たら、誰もがすぐ豆乳を買いに行くのではないでしょうか。

豆乳アイスはユーザー発の流行でしたが、ひと目で「食べたい！」または「作りたい！」と思わせるアイデアの強力さが感じられる事例でした。

▶「#豆乳アイス」の検索結果 図表14-2

「作ってみたい！」と思わせる投稿が検索結果に並んでいる

「#豆乳アイス」もそうですが、ハッシュタグ自体が興味をそそる、見たり食べたりしたくなるキーワードになっているのも強力です。

👍 ワンポイント　購入までをできるだけ近づける

小さなメーカーが開発している商品や地域の特産品のようなものは、どこでも買えるわけではありません。そのため、せっかくユーザーが「食べたい！」と思っても、購入を断念してしまうおそれがあります。ECサイトを開設し、第7章で解説するショッピング機能を利用するなどして、ユーザーが欲しいと思ったらすぐ買えるように、購入手段をInstagramと近づけましょう。

Lesson 15

[業種別フレームワーク④：インテリア]

インテリアは継続的な投稿で世界観をアピールする

このレッスンのポイント

インテリアは商品自体が強く見栄えがするわけではなく、また、購入の検討に時間を要することが特徴です。ライフスタイルとして継続的に提案し、ユーザーの関心と買いたい気持ちを高めましょう。

○ ライフスタイルとして「商品がある生活」を提案しよう

家具全般や調度品、寝具などを含むインテリアは、商品が比較的高額です。また、サイズが大きいこともあって、購入までに十分な検討を必要とします。レッスン14で解説した食品や飲料とは反対に、衝動買いはまず起こりません。また、家具などは単体で見栄えがするわけではないため、見せ方の工夫が必要になります。

インテリア商品は、部屋全体のコーディネートを「ライフスタイルの提案」として見せていくのが有効です。部屋や家全体の様子から住む人の価値観まで感じさせるビジュアルで、「こんな部屋に住みたい」「リフォームするとき、次に引っ越すときにはこんな部屋にしたい」と、今後の購入機会に向けてアピールしましょう。

▶ **インテリアの共感ポイント** 図表15-1

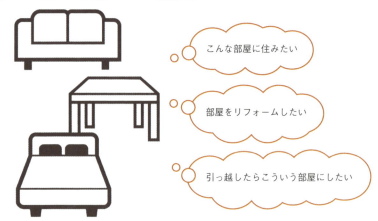

自分がそこで暮らす様子を想像させる写真で、印象に残るようにする

◯ 明確なコンセプトの打ち出しが重要

ライフスタイルの提案では、ハッシュタグにできる明確なコンセプトを打ち出しましょう。
Instagramはコモディティ（日用品、代替が効く商品）の宣伝には向きません。また、ビジュアルとして響きにくい「安い」「組み立てが簡単」のようなコンセプトのアピールも難しいです。一方で、言葉を聞いただけでイメージが浮かぶ「#北欧インテリア」「#モノトーンインテリア」のような世界観は強力で、人気があります（図表15-2）。すぐ買えるものではないため、急激な流行は起こりにくい商品ですが、継続的に写真を投稿し、少しずつ印象づけていきましょう。

▶「#モノトーンインテリア」の検索結果 図表15-2

検索結果の一覧を見るだけでコンセプトが伝わる

Instagram上のライフスタイルの訴求は、シンプルさを押すものが目立ちます。

👍 ワンポイント 「部屋の写真を投稿したい」と考える若者は少ない

インテリアで注意が必要な点として、「部屋の写真を投稿したいと考える若者は少ない」ということがあります。多くの若いユーザーは、自分の部屋を見せることに関心がなく、実用品として家具を必要としてはいても、それを写真に撮って見せようとする人は、なかなかいません。これは、経済的な事情などから狭い部屋や理想ではない部屋に住む人が多いということかもしれません。
そのため、インテリアの投稿キャンペーンは、盛り上がりが意外と難しいです。しかし、30代以上の、結婚して家庭への意識が高くなる世代になると、インテリアへの関心も高まります。Instagramではそうした世代をターゲットに展開したほうが「撮りたい」という気持ちを刺激でき、効果的です。

Lesson

16

[業種別フレームワーク⑤：雑貨／日用品]

雑貨や日用品は活用シーンを バリエーション豊かにアピールする

このレッスンのポイント

雑貨全般や日用品は、生活における名脇役であることをアピールしましょう。どんなときにも使えて、いつも気持ちを上向かせたり、華やかさを与えたりすることが伝わる写真で、ユーザーの気持ちを盛り上げます。

○ 脇役としての存在感をアピールしよう

アクセサリーや文房具、キッチン用品などの雑貨や日用品には、商品自体が見栄えのするタイプもあれば、そうでないタイプもあります。前者はレッスン12のアパレル／ファッションのようにトレンド感を盛り上げることが有効で、後者は前のレッスンのインテリアのように、ライフスタイルを提案する写真で商品を見せていくのが基本となります。

どちらのタイプにも共通するのが、雑貨や日用品は衣類や家具などに対して「脇役」である場合が多いことです。そのため、さまざまな場面や用途になじむバイプレイヤーぶりを写真で伝えましょう。たとえば、ランチボックスのように見た目には地味な商品も、オフィスで、行楽で、子どものイベントで、パーティーで……と活用シーンを見せていくことで、「この場面で自分も使ってみたい」と共感する人を増やせるでしょう。

▶ **雑貨／日用品の共感ポイント** 図表16-1

今度の旅行ではこれを使いたい

自宅でも使えそうだ

あの人にプレゼントしたい

商品が写り込んださまざまな場面を見せていくことで、商品を活用するイメージをどんどん強めていく

058

◯ 投稿1件ごとに活用のイメージを広げる

さまざまな場面の写真が増えることは、認知や関心を獲得すると同時に、購入の後押しにもなります。

たとえば 図表16-2 は、シンプルなデザインの女性向け腕時計ブランド「クルース」のハッシュタグ検索結果で、「トップ」タブには、インフルエンサーによる商品紹介の投稿もよく並んでいます。腕時計のような商品は、本当に好きな人なら何個も買うでしょうが、普通の人は1個をさまざまな場面で使い回したいものです。シンプルな時計がフォーマルな場面やカジュアルな場面、旅行先、オフィスなどで違和感なくなじんでいるイメージを伝えられれば、購入に気持ちが向いていくでしょう。

こうした多様な場面の写真を見せていく施策では、長期的な取り組みが有効です。インフルエンサーを起用するなら「1週間に1投稿を3カ月間」のような形で長期の依頼をして、実際に使いながら紹介してもらうといいでしょう。また、投稿キャンペーンを行って優秀作品を自社アカウントで紹介していくことでも、さまざまな写真を紹介できます。

▶「#cluse」の検索結果 図表16-2

さまざまな場面の写真で腕時計を魅力的に見せている

写真1枚で心を捉えるようなインパクトをもつ商品でなくても、何枚もの写真で徐々に印象を強め、ユーザーに選ばれることができます。

Lesson 17

[業種別フレームワーク⑥:観光／行政]

観光業や観光地では「撮りたい！」気持ちを刺激する

このレッスンのポイント

Instagramでアピールしやすい観光資源は、「こんな写真を撮りたい！」と思わせる特徴的な風景や建築物の写真を投稿するのが一番です。加えて地元からの情報発信を増やし、ユーザーの関心を集めるしくみを作りましょう。

○ その場に行きたい、撮りたい、と思わせる「売り」を作ろう

観光業や観光協会、自治体の商工観光課などでのInstagramの活用も進んでいます。協会や行政では当然のことですが、ホテルなど観光地の私企業も、Instagramでは自社だけでなく観光地全体の魅力をアピールするようにしましょう。そのほうがより幅広い層にリーチでき、写真の題材も増えます。それに、観光地名のハッシュタグ検索結果にクオリティの高い写真が並ぶことで観光地全体のアピールになり、同時に自社アカウントのリーチ増にもつながります。

Instagramにおけるもっとも強力な観光資源は、めずらしい風景や建築物です。ここでしか撮れない1枚を投稿することで、「この場所で撮りたい！」「自分ならこう撮る」のように思った人たちを集められるでしょう。

▶ **観光／行政の共感ポイント** 図表17-1

その場所でないと撮れない写真で、強くユーザーの印象に残るようにする

◯ スポーツや趣味から接点を増やそう

Instagramで注目される撮影スポットを押す以外にも、地域をアピールする戦略はあります。周囲で盛んなスポーツや趣味があったら、写真でどんどんアピールしましょう。たとえばサイクリングやトレッキングのコースがあれば、それを紹介するのもいい手です。釣りが盛んな地域では、みんなが楽しんでいる様子や釣れた魚の写真が、なによりのアピールになるでしょう。

そのスポーツや趣味をやっているインフルエンサーとの連携によるアピールや、「釣り写真コンテスト」のような投稿キャンペーンを行うのもいいでしょう。スポーツや趣味をきっかけとして、地域に関心をもってもらうように仕掛けます。

自転車、スキー、サーフィンなど、コアなファンがいるスポーツは、インフルエンサー連携やハッシュタグの活用によって盛り上げやすいです。

◯ 地域発の継続的な投稿が「行きたい理由」を増やす

めずらしい風景やスポーツ、趣味に限らず、地域の魅力はたくさんあるでしょう。旅行はユーザーが関心をもってから実際に決定するまでの検討期間が長い商品なので、継続的な情報発信を行って、購入を後押しする施策も重要です。地域の人たちにも協力してもらい、さまざまなトピックを発信できるようにしましょう。たとえば、インフルエンサーを講師として招き、地域の人向けに「Instagram勉強会」を行うことで、自社以外からの継続的な情報発信を促進できます。「観光PRにInstagramを活用したいけど、具体的なやり方がわからない」という人たちにノウハウを学んでもらい、地域の魅力を発信してもらうのです。

おいしい食べ物や魅力的な風景、地元の人がよく行く店などの情報がInstagram上に集まっていくほど、旅行を検討中のユーザーにとっての「行きたい理由」も増えていきます。

行政機関や観光協会では、地域の人をうまく巻き込むことが重要です。みんなで実際にやってみれば理解が深まり、新しい施策も進めやすくなるでしょう。

Lesson 18 ［業種別フレームワーク⑦：飲食／サービス］
飲食店などでは インパクトのある「売り」を作る

このレッスンの ポイント

飲食店などサービス業全般では、なんらかの視覚的な「売り」をもって競合と差別化し、商圏のユーザーにアピールしましょう。単に派手ならいいというわけではなく、自社の魅力が出るものがベストです。

◯ 写真や動画のインパクトで差別化しよう

飲食店のほか美容院、スポーツジムなど店舗をもつサービス業全般では、地域のユーザーに「行きたい」「ここで写真を撮りたい」と思わせる、視覚的なインパクトがある投稿を続けることで、Instagramからの集客力を高められます。

飲食店でもっともわかりやすいのは、目をひく看板メニューを開発することです。独創的なデザインのスイーツなど、つい撮りたくなるひと工夫がユーザーを引き寄せます。

無形のサービスで視覚的な売りを作るのは難しいですが、美容院ならヘアスタイルのサンプル、ネイルサロンならネイルのサンプル、スポーツジムならスタッフのパフォーマンスなど、もっとも魅力を伝えられる瞬間を切り取りましょう。写真だけでなく動画を使えば、実際のサービスがわかりやすくなります。

▶ **飲食・サービスの共感ポイント** 図表18-1

○ これを実際に見たい！　食べたい！

○ 友達を連れていって驚かせたい

○ みんなと行って楽しみたい

目玉商品や店舗のセールスポイントをビジュアルでアピールする。動画を使うことも有効

● ハッシュタグを研究し、的確に検索結果へ露出する

地域密着のサービス業では、<mark>地名と業種を組み合わせた「#渋谷カフェ」のようなハッシュタグを的確に使って露出する</mark>ため、レッスン09を参考に研究しましょう。都市部では地名として最寄り駅の名前がよく使われますが、地方では駅名や市町村名、地区の名称のどれがよく使われるのか、投稿件数を参考に調べてみましょう。また、「#渋谷カフェ」「#渋谷ランチ」「#渋谷居酒屋」など似たハッシュタグのうち、どのハッシュタグがどれくらいの投稿件数で、自社の投稿につけると効果がありそうかも確かめておきます。

● インパクトが強ければいいわけでもない

視覚的なインパクトは、単にに強ければいいわけではありません。図表18-2 は2018年前半に流行した「レインボーチーズサンド」と呼ばれる、7色に彩色したチーズをはさんだホットサンドです。見た目に大変なインパクトがあり、まさに「インスタ映え」という感じですが、インパクトが強いものは真似されたり飽きられたりするのも早く、継続には難しさもあります。

パッと見のインパクトはそれほど強くなくても、<mark>いい意味での「こだわり」が感じられるメニューや小物の使い方、インテリア</mark>などで差別化し、長く集客に成功している店舗もあります。自社に合った独自の打ち出し方を考えましょう。

▶「#レインボーチーズサンド」の検索結果 図表18-2

鮮やかなレインボーはInstagram上で目をひく

強いインパクトは爆発的に認知を広めますが、個人経営の店舗では、反響(来客)に対応しきれないかもしれません。店舗のスケールにあった、伝わってほしい層にしっかり伝わるアピールをしましょう。

質疑応答

Q Instagramで、いわゆる「炎上」は起こりますか？

A InstagramはTwitterやFacebookと比べると、「炎上」が起こりにくいシステムになっています。Twitterのリツイートのような情報を拡散する機能がないため、話題の広がりが速くありません。
また、TwitterやFacebookよりも「楽しみのために使う」という意識が強いため、ネガティブなやりとりは起こりにくい雰囲気もあります。
一方で気になる点もあります。近年ではInstagramの注目度が高まっているため、芸能メディアの記者などが芸能人のInstagramをウォッチしていて、少しでもコメントが荒れると「○○が炎上」と記事にするなど、Instagram上のできごとが大きく報道されやすい傾向が見られます。自社が起用しているインフルエンサーや、自社アカウントがその標的になる可能性もゼロではないでしょう。
このようなことを考えると、Instagramは「炎上」の危険性が低いSNSではありますが、リスクがまったくないとは言い切れません。ほかのメディアと同様に発信内容には注意を払いましょう。
また、Instagramではビジュアルで世界中のユーザーとつながることもあり、ヌードや差別と取られかねない表現（民族、性別、障害などに関係するもの）には特に慎重さが必要です。コミュニティガイドラインを確認しておきましょう。

▶ Instagram コミュニティガイドライン
https://www.facebook.com/help/instagram/477434105621119/

Chapter 3
自社アカウントの運営を始めよう

自社の公式Instagramアカウントを開設しましょう。写真の基礎や運営のノウハウのほか、一般のユーザーには提供されていないビジネス向けの機能も解説します。

Lesson **19** [ビジネスプロフィールへの切り替え]

自社アカウントを「ビジネスプロフィール」にしよう

このレッスンのポイント

通常のInstagramアカウントをビジネス目的に使うことも可能ですが、「ビジネスプロフィール」に切り替えると、詳細なデータや特別な機能が利用できるようになります。ビジネスプロフィールへの切り替えは無料です。

Chapter 3 自社アカウントの運営を始めよう

○「インサイト」の詳細なデータが利用可能に

Instagramでは企業が自由にアカウントを作って、マーケティングに利用できます。そのときは通常のアカウントのままでなく、ビジネス用途のユーザー向けに用意された「ビジネスプロフィール」に切り替えておくと便利です。自社アカウントを作成したら、次ページで解説する手順で切り替えましょう。

ビジネス用途ということで、料金が必要になったり、機能が難しくなったりするのではないかと心配する人がいるかもしれませんが、すべての機能が無料で利用できます。また、画面にいくつかメニュー項目やボタンが増えますが、基本的な操作は変わりません。

ビジネスプロフィールの特徴は、投稿ごとのリーチやプロフィールの閲覧数などの「インサイト」と呼ばれるデータが見られることです。そのほか、レッスン28で解説するダイレクトの「クイック返信」機能や第7章で解説するショッピング機能など、ビジネスプロフィールだけが使える機能もあります。

ビジネスプロフィールは、企業だけでなく個人が利用してもかまいません。インフルエンサーが詳細なデータを見るために設定するケースも多く、2017年12月の段階で、世界で2,500万以上のアカウントがビジネスプロフィールを利用していると発表されています。ビジネスプロフィールへ切り替えたあと、必要がなければ通常のアカウント（個人用アカウント）に戻すこともできます。

「ビジネスプロフィール」と聞いて難しそうな印象をもつかもしれませんが、切り替えも利用方法も簡単です。個人用のアカウントで試してみて、すぐ戻すこともできますよ。

👍 ワンポイント 公開してもOKなメールアドレスで登録しよう

Instagramのアカウントは、メールアドレスまたは携帯電話の電話番号を登録して作成します。また、Facebookアカウントでログインすることも可能です。ビジネスプロフィールのアカウントでは、登録した携帯電話の番号やメールアドレスがアカウントの連絡先として公開されます。そのため、担当者個人の携帯電話の番号やメールアドレスを使うのは適切ではありません。問い合わせ対応のやりやすさや、担当者が変わる場合の引き継ぎやすさを考えて、Instagramアカウント用に作成したメールアドレスを登録するのがベストです。

1 ビジネスプロフィールに切り替える

1 Instagramアプリの[オプション]画面（Androidでは[設定]画面）で[ビジネスプロフィールに切り替える]（Androidでは[事業者アカウントへの切り替え]）をタップします。

2 ビジネスプロフィールの説明を確認しながら、[次へ]を4回タップします。

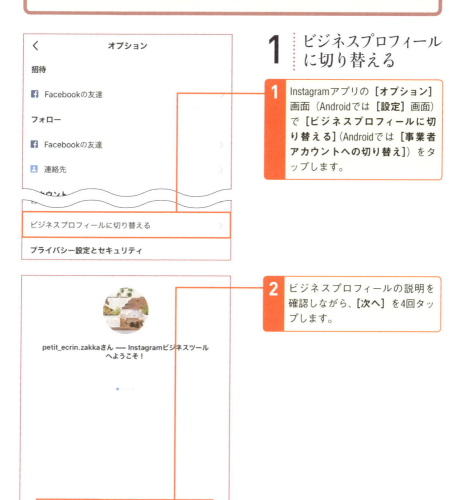

NEXT PAGE →

2 Facebookページのリンクをスキップする

［Facebookにリンク］の画面が表示されますが、ここではリンクしません。

1 ［スキップ］をタップします。

3 自社にあてはまるカテゴリを選択する

1 カテゴリを選択します。

2 サブカテゴリを選択します。

3 ［次へ］をタップします。

👍 ワンポイント 「Facebookページ」とは

Facebookページとは、Facebook上で企業やブランドが情報を発信するために作成できるウェブページの一種です。InstagramはFacebook社が運営しているため機能が連携している部分があり、第6章で解説するFacebook広告や、第7章のショッピング機能を利用するときには、自社のFacebookページを作ってInstagramアカウントと連携（リンク）する必要があります。

しかし、自社アカウントで投稿を行うだけの場合は、Facebookページとリンクする必要はありません。そのため、ここではリンクの操作をスキップします。

👍 ワンポイント　カテゴリを選択する方法

ビジネスプロフィールのカテゴリを選択する際、大枠のカテゴリと、詳細なサブカテゴリを選択しましょう。
メーカーの場合はカテゴリに［ブランド・製品］を選び、サブカテゴリで製品の種類を選びます。小売店やレストランの場合はカテゴリに［ローカルビジネス］を選ぶと、サブカテゴリで業種を選択できます。観光地（ランドマーク・名所旧跡）や観光協会などの機関（公共・行政サービス）もローカルビジネスから選ぶといいでしょう。個人のインフルエンサーは［人物］のサブカテゴリとして［ファッションモデル］［写真家］など職種や活動領域を選択できます。

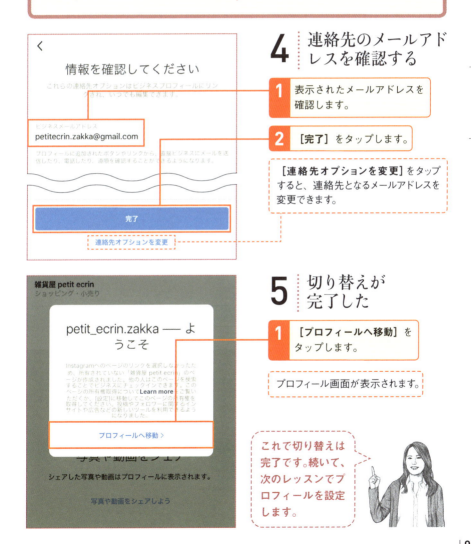

4　連絡先のメールアドレスを確認する

1 表示されたメールアドレスを確認します。

2 ［完了］をタップします。

［連絡先オプションを変更］をタップすると、連絡先となるメールアドレスを変更できます。

5　切り替えが完了した

1 ［プロフィールへ移動］をタップします。

プロフィール画面が表示されます。

これで切り替えは完了です。続いて、次のレッスンでプロフィールを設定します。

Lesson 20 ［プロフィールの設定］

顧客にとってわかりやすいプロフィールを設定しよう

このレッスンのポイント

自社アカウントのプロフィールを設定しましょう。投稿に興味をもったユーザーに向けて、どのような企業か、店舗の場所や公式サイトはどこかなど、必要な情報がわかるようにしましょう。

◯ 初めての相手に過不足なく情報を提供しよう

Instagramのユーザーは、投稿を見て撮影者に興味をもったらユーザー名をタップし、プロフィールを確認します。このときに自社のことが十分に伝わるよう、自社アカウントのプロフィールを整備しましょう（ 図表20-1 ）。

通常のアカウントがプロフィールで設定できるのは、ユーザー名とプロフィール写真、ウェブサイト、自己紹介の4種類です。ユーザー名には日本語も利用可能な［名前］と、アカウント作成時に英数字で設定する［ユーザーネーム］があり、どちらも検索の対象になります。自己紹介は長くなりすぎないように事業内容を説明し、詳しくはウェブサイトを見てもらうようにしましょう。

ビジネスプロフィールではこれらに加えて、電話番号などの設定が可能です。詳しくは次ページで解説します。

▶ ビジネスプロフィールの表示内容　図表20-1

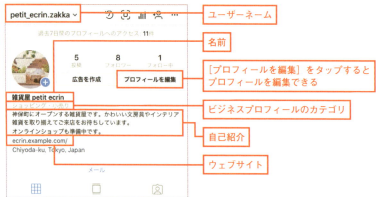

● 電話番号やメールアドレスなどの「CTA」を設定しよう

ビジネスプロフィールのプロフィール画面には、図表20-2 のように電話番号、メールアドレス、住所（道順）を掲載できます。これらは、問い合わせなどの行動を喚起する情報という意味で「CTA」（Call To Action）と呼ばれます。
集客のためにCTAを設定しておきましょう。プロフィール画面からすぐに電話やメールの送信、地図の確認が可能になり、問い合わせや来店の増加が期待できます。

▶ プロフィールとCTAの編集　図表20-2

プロフィールの編集画面で［連絡先オプション］をタップして電話番号、メールアドレス、住所を設定できる

設定した連絡先の情報に対応した CTA が表示された

［電話する］をタップすると電話アプリ、［メール］はメールアプリが起動して連絡でき、［道順］は地図アプリで経路を確認できる

自社のウェブサイトでも問い合わせ先などは掲載していると思いますが、Instagramからすぐに連絡できることで、より気軽に問い合わせてもらえます。

Lesson 21 [写真の入手方法]

自社アカウントで投稿する写真の入手方法を決めよう

このレッスンのポイント

Instagramに投稿する写真は、必ずしも新規に撮り下ろす必要はありません。ほかの用途で撮影した写真の流用なども有効です。自社ではどのように写真を入手するかを決めましょう。

◯ 社内にある流用可能な素材を探す

Instagramの自社アカウントを運営するにあたって、もっとも重要、かつ大変なのが、投稿する写真の入手です。一定のペースを維持しながら投稿できるよう、どのように写真を入手するかを考える必要があります。

メーカーや小売店、各種サービス業など多くの企業では、カタログの作成やECサイト用の素材作成などの目的で、商品や店舗の写真を撮る機会があるはずです。Instagramに投稿する写真の素材に、そうした写真を流用できるように手配しましょう。Instagram担当者が撮り下ろすよりも手間がかからず、予算もおさえられるため、おすすめです。

このとき、利用できる写真のおおまかな点数を確認しておきましょう。毎日投稿しようとする場合、営業日だけでも1カ月に20点以上の写真が必要です。毎日投稿することが必須ではありませんが、ある程度の==投稿頻度を保つため、月に10枚程度は確保したい==ところです。

もしも四半期に1回ずつカタログの写真を撮影するなら、1回の撮影で30枚以上の写真を確保できるのが理想的です。できれば、Instagram用を意識して撮影するカットを増やすよう依頼するといいでしょう。

自社で写真を撮影する機会がない場合や、十分な枚数を確保するのが難しい場合は、次ページで解説するように撮り下ろす方法も検討します。

社内にもともとある写真資産を、うまく流用しましょう。投稿頻度を維持できるだけの枚数が確保できるか、確認しておくことも大事です。

Chapter 3 自社アカウントの運営を始めよう

ブランド視点かユーザー視点か撮り下ろしの方法を選ぶ

予算、または手間をかけて新規に撮り下ろす場合は、どのような視点からの写真が欲しいかを、まず考えてください。

根強いファンのいるハイブランドや高級な商品では、商品のもつ世界観をアピールできる高いクオリティの写真が必要です。担当者がスマートフォンで撮影した写真では世界観を表現できないので、きちんと設備や機材を整え、プロに撮影を依頼しましょう。

反対に、一般向けの商品を扱う小売店や飲食店などでは、店舗スタッフがスマートフォンで撮影した写真を投稿するケースが多いです。==スマートフォンで撮った写真のほうがユーザーに近い視点==となり、親しみをもたれやすくなります。

アパレルブランドの公式アカウントが高いクオリティの写真を発信する一方で、店舗ごとのアカウントではスタッフが撮影した写真を投稿している場合もあります。ブランド公式と投稿内容を差別化し、店舗ではユーザーに親しみを感じてもらうことを狙ったものです。

Instagramでより受け入れられやすい写真を求めるなら、写真のうまいインスタグラマー（Instagramユーザー）に発注して撮ってもらうのもいい方法です。ユーザー視点の写真を見せたいときや、具体的な活用シーンを提案する写真が欲しい場合に、特に有効です。

投稿キャンペーンを企画して一般のユーザーから投稿を募集し、優れた作品を自社アカウントから投稿する方法もあります。ユーザー視点、しかも多様な視点からの写真を紹介したい場合に有効で、うまくいけば短期間で多くの写真を集められます。一方でクオリティコントロールができないため、望む質の写真が得られない可能性もあります。投稿キャンペーンだけに頼るのは避けましょう。

▶ 新規に写真を用意する方法の利点と難点　図表21-1

自社でプロが撮影
ブランドのレギュレーションに沿った写真
- ○ 高品質で世界観を統一した発信が可能
- × 新規撮影のコストがかかる

インスタグラマーに撮影を依頼
有名インスタグラマーの作風
- ○ ユーザー視点のInstagramで受ける写真になる
- × 取り引きの作業とコストがかかる

スタッフが撮影
ユーザーに近い視点
- ○ 親しみをもってもらうために有効
- × 作業の手数が増える
- × クオリティは高くない

キャンペーンで投稿を募集
さまざまな視点からの写真
- ○ ユーザー視点の写真を多数紹介できる
- × 参加を集める企画が必要
- × クオリティコントロールができない

Lesson [写真表現の基礎]

22 「伝わる写真」を撮る4つのコツを押さえよう

このレッスンの
ポイント

Instagramでは**写真を使って自社ブランドの世界観、商品やサービスの魅力を伝える必要があります**。写真ビギナーでも「伝えたいこと」を届けられるよう、押さえておくべき4つのコツを紹介します。

◯「伝えたいこと」を明確にイメージする

自分、または社内のInstagram担当者が写真を撮らなければいけないけれど、写真が得意なわけではない……という場合もあるでしょう。写真の技術やテクニックは数多くありますが、==Instagramで重要なのは、高度な技術よりも「伝えたいことが、しっかりと伝わる」==表現の基礎です。そのため、まず写真を通して伝えたいことをはっきりさせましょう。もともと見栄えのするパッケージや商品なら、そのものの見た目やデザインの美しさを伝えます。間接的な訴求として、使っているときの喜びや楽しさを伝えるのもいいでしょう。プレゼント用の商品なら、プレゼントを受け取った相手の喜ぶ様子で、渡すときのワクワク感を伝えるのもアイデアの1つです（図表22-1）。

▶商品のなにを伝えたいかを考える 図表22-1

商品のデザイン

商品で得られる喜び

プレゼントするワクワク

担当者

写真でなにを伝えたいかをはっきりさせることで、被写体や撮り方も決まる

074

◯ 見ていて落ち着くバランスのいい構図で撮る

伝えたいことがイメージできたら、写真の枠の中に被写体をどのように配置し、全体をどうまとめるかという「構図」を意識して撮ります。構図のいい写真は誰が見てもメインの被写体に自然と視線が行き、伝えたいことが浮き出すように伝わります。

基本的な2つの構図を 図表22-2 で紹介します。1つは、メインの被写体を真ん中に配置した「中央一点構図」です。極めてシンプルな構図ですが、もっとも力強く被写体の魅力を伝えることができ、被写体そのものがインスタ映えする場合に有効な構図です。

中央一点構図が決まるには、メインの被写体以外の背景がシンメトリー（左右対称）に近い状態になっていることが必要です。小物や人物を撮るときは、背景がシンメトリーになるよう意識して整えるといいでしょう。

背景がシンメトリーでない場合や、間接的な訴求をする写真では「三分割法」を意識しましょう。写真を縦横に3等分した線を引いたとき、線が交わる4つの点のうち2点以上にメインの被写体を重ねる構図です。Instagramアプリ上で投稿する写真をドラッグすると三分割法のためのガイドラインが表示され、構図を調整できます。

▶ **中央一点構図と三分割法の例** 図表22-2

中央一点構図

写真の真ん中にメインの被写体を配置する

三分割法

縦横に三分割した線の交点のうち、2点以上にメインの被写体を配置する

> いい構図の写真はメインの被写体が引き立ち、まさに「言葉がなくても伝わる」写真になります。

Chapter 3 自社アカウントの運営を始めよう

◯ 余計なものが写り込まないように取り除く

旅行の記念写真をあとで見たら、写したときには意識していなかった派手な看板が背景に写っていて、本人たちより目立っていた、という経験はないでしょうか？　これでは伝えたいことが伝わりません。撮影時にフレーム内を確認して、余計なものが写り込まないよう、入念に取り除く（カメラの角度を変える、物理的に動かすなど）ことが大事です。

特に注意したいのが、小売店の店舗内で商品を撮影する場合や、飲食店などで店内の様子を撮影する場合です。店舗内で写した写真は臨場感がありますが、必要のないものが写り込んでいると、ごちゃごちゃとした印象になってよくありません。また、来店中の人などが写り込んだ写真を無許可で投稿した形になるのも、避ける必要があります。

狭い店内では難しい場合もありますが、==背景はできるだけスッキリさせるように心がけ==、==撮影を実行する前によく確認==しましょう（図表22-3）。

▶ 余計なものを写さない 図表22-3

× 失敗例　　　　　　　　　　　　◯ 成功例

必要ないものが写ってしまっている

見せたいものだけが写っている

「写真は引き算が大事」ともいわれます。余計なものが写り込まない壁面やテーブルなど、撮影する場所を決めておくとやりやすくなります。

◯ たくさん撮って、あとで選ぶ

うまい写真、いい写真を「一発」で撮る必要はありません。プロのカメラマンも、同じ被写体を何十枚と撮影して、その中からベストの1枚を選んでいます。写真が苦手、うまく撮れないという人は、1枚でいい写真を撮ろうとするのでなく「たくさん撮って、あとで選べばいい」と考えてください。頭で考えたベストな構図が撮ってみると意外とおもしろくなくて、偶然撮れた「奇跡の1枚」を採用する、ということもあります（図表22-4）。

商品や料理など静物を撮るときは、被写体との距離やスマートフォンを構える角度、明かりの当て方などを少しずつ変えながら、100枚ぐらい撮ってみてください。あとで写真を選びながら、どのように撮ったものがよかったかを考えることで、写真の上達にもつながります。

人物の表情や動きを撮る場合は、特にたくさん撮ることを心がけましょう。最初は硬い表情だった人が、何枚も撮るとだんだんリラックスしてくれることもあります。100枚撮った中から、いい写真を1枚選べれば十分です。

▶ たくさん撮ってベストを選ぶ 図表22-4

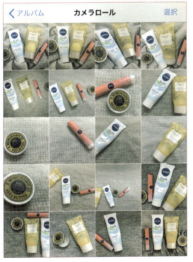

使いたい写真は1枚でも、まずは何十枚も撮っておく

多数の写真から一番いい1枚を選んで投稿する

デジタル写真は何枚撮ってもお金がかかりません。「撮った者勝ち」だと思って、たくさん撮ってください。

Lesson [写真の加工アプリ]

23 スマホでの写真編集には「Snapseed」を使おう

このレッスンのポイント

写真を加工するとき、Instagramアプリのフィルターを利用するのはおすすめできません。スマートフォンで手軽に利用でき、十分な加工機能をもつGoogleの写真加工アプリ「Snapseed」を利用しましょう。

Chapter 3 自社アカウントの運営を始めよう

○ Instagramのフィルターはそのまま使わない

写真の明るさや色味を補正したり、加工したりしたい場合があります。プロに依頼した写真は「Photoshop」などパソコンの写真編集アプリで仕上げますが、自分や担当者が撮る写真なら、スマートフォン上で加工するだけで十分でしょう。Instagramアプリもフィルターを搭載していますが、どのフィルターも効果が強すぎるのと、既製のフィルターでは自社オリジナルの表現を作れないことから、使用はおすすめしません。ここでは、写真の加工アプリとして、Googleが提供するiPhone/Android両対応の無料アプリ「Snapseed」を紹介します。

Instagramのフィルターは安易な加工に見えてしまうおそれがあります。むやみに使うのは避けましょう。

👍 ワンポイント　フィードとストーリーズでは受ける加工が異なる

フィードに投稿する写真は「とっておきの1枚」として、自然な見た目になるように仕上げます。大幅に色味を変えたり、文字を書き込んだりするような加工は、あまり好まれません。
一方でストーリーズに投稿する写真は身近な人向けで、臨場感があるものや、ストレートに感情を伝えるものが好まれます。夜に撮った写真が暗すぎるのは当たり前で、補正しないほうが臨場感を高めるでしょう。お祝いしてもらったときの写真に「うれしーー！」などと、気持ちを伝える文字を大きく書き込むこともよくあります。

○「Snapseed」で写真を加工する

Snapseedはシンプルながら多機能な写真編集アプリで、一般的な写真の補正機能から、文字の書き込みやフィルターによる加工など、欲しい機能がひととおりそろっています。

操作は独特なところがあり、補正や加工の際に使うツールが、画面上に常時表示されないことがあります。利用頻度が高い［画像調整］ツールの場合、ツールを選択したあと画面を上下にスワイプして効果の種類を選び、左右のスワイプで効果の強さを調整しますが、画面上には特に説明が表示されないため、操作を理解していないと戸惑うことがあるでしょう。以降の手順を読み、基本操作を覚えておいてください。

Snapseedでは、==適用した効果をQRコード化して共有できる==のも特徴です。QRコードを読み込むことで複数の写真に同じ効果を適用したり、異なる担当者でも同じ効果を使えるようにしたりできます。

1 加工のツールを選ぶ

「Snapseed」で写真を開きます。

1 ［ツール］をタップします。

2 ［画像調整］をタップします。

NEXT PAGE ➡ 079

2 効果を選び、適用する

1 **画面を上下にスワイプ**すると効果の一覧が表示されるので適用する効果を選択します。

2 **画面を左右にスワイプ**して効果の強さを選択します。

画面上部に現在の効果の強さが表示されます。

ここをタップすると効果をキャンセルできます。

3 ここをタップして効果を確定します。

3 効果をQRコード化して共有する

1 ここをタップします。

2 [効果のQRコード] をタップします。

3 [効果のQRコードを作成] をタップします。

QRコードが表示され、画像をメールなどで共有できます。

[効果のQRコードをスキャン] をタップすると効果のQRコードを読み込み、適用できます。

Chapter 3 自社アカウントの運営を始めよう

反響のよかった効果を QR コードにしておけば、自社ならではの表現を作れます。

Lesson **24** [キャプションの書き方]

キャプションは親しい友達に話しかけるように書こう

このレッスンのポイント

写真や動画を引き立てるキャプション（投稿文）も、Instagramの重要なコンテンツです。企業アカウントではあまり堅苦しくならないよう、ある程度の節度は保ちつつ、ユーザーのタイムラインで浮かない文体を意識しましょう。

Chapter 3 自社アカウントの運営を始めよう

◯「タイムラインで浮かない」「適度に改行」を意識

Instagramでは写真や動画がメインのコンテンツですが、キャプションの書き方によっても、投稿の印象が大きく変わります。キャプションを書くにあたって意識したいのは、「Instagramを楽しんで見ているユーザーのフィードの中にあって、違和感がないこと」です。リラックスタイムに、押しが強すぎる文章や、ビジネス文書のような堅苦しい文章は読みたくありませんよね。

大事な友達に話しかけるような気持ちで柔らかい表現を心がけ、身近に感じてもらいたいブランドでは思い切ってくだけた表現を使ったり、高級品や実用品では多少の距離を置きつつ親しげに話しかけるようにしたりしたほうが、Instagramでは受け入れてもらいやすいです。

そのうえで、1文を長くせずに改行し、適度に空行を交えて書くようにしましょう。ユーザーの多くは文字をじっくり読まずに流し読みしています。全体として長めの文になってもかまいませんが、画面上での<u>文字の密度を落としたほうが、読んでもらいやすくなります</u>。

▶ キャプションの例 図表24-1

1文を長くせず、適度に改行を加えて読みやすくする

空白をとって、流し読みできるようにしましょう。

○「プロフィールを見て」など具体的なお願いもしてみよう

一般にアピールの強い文章は好まれない傾向がありますが、常に同じトーンがいいわけでもありません。<mark>ときには自分（自社アカウント）の希望をストレートに書く</mark>のもいいでしょう。

たとえば、Instagramを始めたばかりの小さなブランドや個人のクリエイターなど、まだあまり知られていないアカウントが、ちょっと気になる写真に「プロフィールも見ていって！」と書き添えていたら、ユーザーとしてはつい見たくなってしまうものです。

プロフィールを見てもらうことは、フォロワーの獲得やウェブサイトへの誘導にもつながります。厚かましくならない程度にアピールしてみましょう。

筆者が感心した例に、ラテアートの写真のキャプションに「写真をダブルタップしてみて」と書かれたものがありました。思わずダブルタップすると、ラテアートの真ん中にハートが浮かび上がる、かわいらしい演出が見られます。ダブルタップはいいねの操作なので、「いいねして」という意味でもあるのですが、写真の演出と相まって、思わずいいねしてしまいました。

「買ってください」は直接的すぎますが、「プロフィールを見て」のようにコミュニケーションを求められるのは、ユーザーとしても嫌な気持ちにはなりません。

👍 ワンポイント　ハッシュタグはコメントとして書いてもいい

投稿のコメントにハッシュタグを入力しても、その投稿のハッシュタグとして検索の対象になります。ちょっとした小ワザですが、キャプションだけをすっきり読ませてハッシュタグは離れた場所に表示したい場合には、投稿したあとにコメントとしてハッシュタグを書くことが効果的です。

▶ ハッシュタグをコメントにつける　図表24-2

コメントとしてつけたハッシュタグも検索の対象になる

Lesson 25 ［投稿の頻度とタイミング］

反響が増えやすい時間帯を狙って投稿しよう

このレッスンの
ポイント

投稿のスケジュールやタイミングの設定は、自社アカウントの運営で重要なポイントです。手持ちの素材の数や、ターゲットの行動を考慮して1カ月単位で投稿の予定を立てましょう。

○ 毎日投稿が望ましいが、数だけ追求しても意味がない

SNSマーケティングは、継続的な活動でユーザーとの接点を増やすことが大事です。そのため、Instagramでも毎日（毎営業日）1枚のペースで投稿を続けるのが理想的です。しかし、素材となる写真を十分に入手できず、毎日の投稿は難しい場合もあるでしょう。

そのようなときは、ペースを落としても、とっておきの写真だけを投稿するようにスケジュールを組みます。投稿数が多いことより、高いクオリティでユーザーを楽しませることが大切です。

入手できる素材の数から投稿のペースを考え、週単位または月単位のカレンダーを作るといいでしょう。たとえば、1カ月に投稿できる写真が15枚程度だという場合、毎日投稿は難しいですが、 図表25-1 のように毎週月、水、金曜日の投稿ならペースを維持できます。

▶ 投稿スケジュールの例　図表25-1

週間スケジュール

日	月	火	水	木	金	土
	投稿		投稿		投稿	

週に3件投稿するスケジュールを組むと、1カ月あたりの投稿数は12〜14件となる

◯ 反響が増えるのは就寝前のリラックスタイム

1日の中でどのタイミングに投稿するのがベストかは、商品やターゲットによって異なります。しかし、一般的に投稿がよく見られて反響をもらいやすいのは、深夜の就寝前の時間帯となります。

ユーザーは1日のさまざまなタイミングでInstagramを見ていますが、忙しい通勤中や仕事の合間などよりも、深夜のほうがリラックスしてInstagramを見ているため、いいねやコメントも増えやすい傾向があります。図表25-2 はInstagramが日本のユーザーにインタビューした、1日の中でInstagramを利用する場面の分布です。就寝前にInstagramを利用するユーザーは全回答者中37%と、3人に1人以上が利用していることがわかります。

もちろん、ランチ情報なら昼前、育児に関連する商品なら子どもを幼稚園・保育園に送り出した親が一息つく9時〜10時前後のように、ターゲットによってはより有効だと考えられる時間帯もあります。投稿のタイミングを変えながら、効果的な時間帯を探しましょう。

▶ Instagramの1日の利用状況 図表25-2

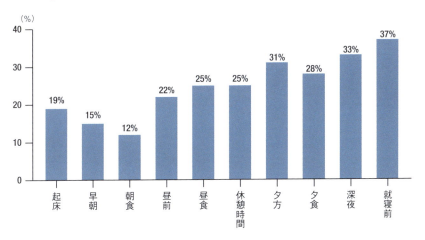

Instagramが実施したユーザーインタビューでの、1日の場面ごとの利用率

Instagram「国内利用者のInstagram活用の現状」(https://business.instagram.com/blog/instagrammers-in-japan/) より

Instagramのフィードは必ずしも時系列に沿って表示されるわけではありません。しかし、より見られやすくするために時間を選ぶことは大事です。

Lesson 26 ［ストーリーズの活用］
ファンとの関係強化に「ストーリーズ」を活用しよう

このレッスンのポイント

ストーリーズは、Instagramの比較的新しい機能です。「写真や動画を共有する」という点ではフィードへの投稿と同じですが、それ以外はまったく異なる機能であることを理解して使い分けましょう。

○ 投稿は新規向け、ストーリーズは既存顧客向け

ストーリーズは2016年8月に公開された機能です。当時、若いインターネットユーザーの間で友達と「24時間で消える写真」をやりとりしてコミュニケーションするアプリが流行しました。ストーリーズの機能は、これによく似ています。

こうした機能の成り立ちを踏まえ、フィードの投稿とストーリーズにはまったく異なる役割があると考えましょう。フィードの投稿は長く残って検索され、多くのユーザーに見られます。そのため、潜在層・顕在層のユーザーやアカウントの新規フォロワーの獲得に適します。

一方でストーリーズは、近い関係の相手とのコミュニケーションに適します。既存顧客やコアなファンに向けた、期間限定のセールやイベントの告知などに使うといいでしょう。オフショットや余談的な、ファンに親しみを感じてもらうための発信に利用するのも有効です（図表26-1）。

▶ フィードの投稿とストーリーズとの違い 図表26-1

フィードの投稿

・時間経過で消えない
・とっておきの1枚を投稿

新規顧客にも既存顧客にも幅広く見られる

ストーリーズ

・24時間で消える
・気軽な日常を投稿

既存顧客やファン向けに特化している

ストーリーズは24時間以内に居合わせた親しい相手向けに使うといい

● ストーリーから外部サイトに誘導できる

一定の条件を満たしたアカウントは、図表26-2の例のように、ストーリーに外部へのリンクをつけられます。Instagramで外部にリンクする方法は、これ以外だとプロフィールのリンクをタップしてもらうか、Instagram広告を使うかしかないので、非常に貴重な機能だといえます。

ただし、外部リンクをつけられるのは認証済みアカウント（本人確認済みであることを表す水色のアイコンがついたアカウント）とされますが、筆者の調査にもとづく推測では、ビジネスプロフィールであり、なおかつ1万人以上のフォロワーがいるアカウントなら、認証済みでなくても利用できるようです。

つまり、==1万人以上のフォロワーがいれば、ストーリーズで外部リンクが利用でき、強力な告知手段==となります。反対に、それよりもフォロワーの少ないアカウントでは、フィードの投稿に加えてストーリーズまで使う効果は、あまり大きくありません。

▶ 外部リンクのあるストーリーの例　図表26-2

［もっと見る］をタップすると外部リンクが開く

フォロワーが増えるとストーリーズを強力に活用できますが、フォロワーが少ない企業アカウントが無理に使う必要はありません。まずは新規のフォロワーや顧客の獲得に注力しましょう。

Lesson 27 ［カルーセルの活用］

カルーセルによる複数の写真を「情報の深掘り」に使おう

このレッスンのポイント

最大10枚までの写真をまとめて投稿できる「カルーセル」は、通常の投稿とは違った写真の見せ方ができます。企業アカウントでは、商品に関心をもったユーザーの買いたい気持ちを後押しするために使うと効果的です。

○ 10枚までバリエーションを1件の投稿にまとめる

カルーセルは、10枚までの写真や動画をまとめた投稿の形式です。旅行記などストーリー性のある投稿や、複数の写真で詳しく説明したい投稿に使われます。

企業アカウントの投稿でも、商品の詳細な情報を提供したいときに使うと有効です。たとえば 図表27-1 のように、化粧品を使ったモデルの写真を1枚目、2枚目以降に化粧品本体やパッケージの写真を載せれば、==1枚目で関心をもったユーザーが化粧品の本体も目にするようにでき、購入への強い後押し==となります。

▶ カルーセルで情報を補足する 図表27-1

化粧品を使ったモデルの顔写真 → 化粧品本体 → 化粧品のパッケージ

かわいいメイク！

これを使っているんだ

パッケージもかわいい。欲しい！

ユーザー

1枚目に化粧品を使ったモデルの顔写真を見せることで共感を得る。写真1枚の投稿ではここで終わるが、2枚目以降で商品の写真を見せることで、商品についてより深く知ってもらえる

Chapter 3 自社アカウントの運営を始めよう

088

○「全体と部分」や「表面と裏面」を見せる

複数の写真を利用した効果的なカルーセルの使い方に、風景や部屋の写真で「全体と部分」を見せたり、表も裏も見栄えがする商品の「表面と裏面」を見せたりする使い方があります。図表27-2 はイケア・ジャパン（@ikeajapan）の投稿ですが、1枚目できれいな部屋の全景、2枚目以降で商品ひとつひとつのアップという構成で、見て楽しい内容です。

ECサイトではないので、==商品の展開図や寸法の説明のような、見栄えのしない「情報」==には向きません。1枚目とは違った見た目を楽しめる写真があったら、カルーセルを活用しましょう。

▶ カルーセルの例（イケア・ジャパン） 図表27-2

カルーセルの1枚目は部屋の全景を見せる

2枚目以降は部屋にある商品を1点ずつアップで見せる

> 商品をよく知ってもらうためにカルーセルは最適です。あくまでも楽しめる写真を選び、説明的な写真は避けたほうがいいでしょう。

👍 ワンポイント　よく見られている1枚が最初に表示されることがある

通常のカルーセルは、1枚目の写真がフィードに表示されます。しかし、ときどき2枚目以降の写真が最初に表示されることがあります。このようになる詳細な条件は明らかにされていませんが、ユーザーの閲覧データを分析して2枚目以降のほうがよく見られている場合には、もっとも見られている1枚が最初に表示されるようです。

Lesson 28 ［ダイレクトとクイック返信］
クイック返信でメッセージの対応を効率化しよう

このレッスンのポイント

メッセージ機能の「ダイレクト」は、ビジネスプロフィールのユーザーにとって使いやすいよう機能改善が進んでいます。最新の機能を確認し、問い合わせに対応する窓口として活用しましょう。

○ ビジネス向けに機能強化されたダイレクトを使う

ビジネスプロフィールに切り替えると、メッセージをやりとりする「ダイレクト」の機能が個人用のアカウントから変わります。変わる点は2点あり、1つは通知の仕様です。個人用のアカウントだとフォローしていないユーザーからのメッセージは通知されませんが、ビジネスプロフィールでは通知され、ユーザーからの問い合わせに気付きやすくなります。

もう1つは「クイック返信」という、一種の定型文機能が加わることです。以下で解説する手順のように設定でき、営業時間の案内などよく利用する回答の文章を、簡単に入力できるようになります。この機能は2018年7月時点では、まだ一部のアカウントでのみ利用できる状態ですが、今後、すべてのアカウントで利用可能になる見込みです。

| ビジネス設定 |
| プロモーションの支払い |
| ブランドコンテンツの承認 |
| **クイック返信** |
| 個人用アカウントに切り替える |
| プライバシーとセキュリティ |
| ブロックしたアカウント |
| アクティビティのステータス |

1 クイック返信の設定を開始する

1 ［オプション］画面で［クイック返信］をタップします。

2 クイック返信を作成する

1 ここをタップします。

2 クイック返信で入力したいメッセージを入力します。

3 ショートカットとなる短い文字列を入力します。

4 ここをタップしてクイック返信の作成を完了します。

3 クイック返信を利用する

1 ダイレクトの返信入力画面でショートカットを入力します。

2 表示された青いフキダシをタップします。

クイック返信のメッセージが入力されます。

Chapter 3 自社アカウントの運営を始めよう

手軽な問い合わせ手段としてダイレクトを活用しましょう。作成したクイック返信は[オプション]画面の[クイック返信]で確認できます。

Lesson [スポット情報の活用]

29 店舗ではスポット情報と「撮りたい」要素を仕掛けよう

このレッスンのポイント

店舗をもつ企業では、来店したユーザーがInstagramで楽しめる仕掛けを用意しましょう。投稿時に利用できるスポット情報と、店内で写真を撮りたくなる要素を用意して、気持ちを後押しします。

○ 店舗の情報が蓄積するようにしよう

Instagramで投稿するとき、図表29-1のように［位置情報を追加］というメニューに、スポット名（地名や店名、ランドマークの名前）の候補が表示されます。店舗やサービス拠点をもつ企業では、ここに自社の店舗名などが表示されるようにしましょう。

投稿にスポット情報をつけることで、同じスポットで撮影された投稿をまとめて見たり、スポットの位置を確認したりできます。その場所で投稿したユーザーが同じスポット情報をつけた投稿を見ていくこともあり、ハッシュタグほどインパクトは大きくありませんが、リーチ増の効果もあります。スポット情報を活用するため、まずは**自店舗周辺で投稿するときに、スポットの候補に自店舗が表示されるか**確認してください。もしも候補にない場合は、次ページで解説する方法で追加できます。

▶ 自店舗のスポット情報があるか確認する 図表29-1

店舗で撮影した写真を投稿するとき、［位置情報を追加］に近隣の店舗や企業などスポットの候補が表示される

もし、候補の最後に表示される［検索］をタップして検索しても自店舗が表示されない場合は、次ページの方法で追加する

● 自店舗のスポットがない場合はFacebookで作ろう

Instagramのスポット情報はFacebookと共用になっています。そのため、Facebookのモバイルアプリを使って「チェックイン」することで、スポット情報を新規に追加できます。

以下の手順のように、追加したい場所でチェックインを行い、新しいスポットを作成しましょう。カテゴリを設定し、位置（問題なければチェックインした現在位置）を登録するだけでスポットが作成され、すぐにInstagramからも選択できるようになります。

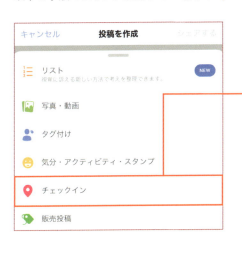

1 チェックインを開始する

1 Facebookアプリで[**今なにしてる?**]をタップして投稿を開始し、[**チェックイン**]をタップします。

2 自店舗の名前を入力する

1 自店舗の名前を入力して検索し、[**○○に△△を追加**]をタップします。

👍 ワンポイント　スポットの誤表記や重複があるときは

自店舗の名前を間違えたスポットが登録されていたり、複数スポットが登録されたりしている場合は、削除や編集を提案できます。Facebookアプリの[位置情報を追加]画面の右上にある鉛筆のアイコンをタップし、[編集を提案]または[重複を報告]をタップして対象のスポットを選択しましょう。

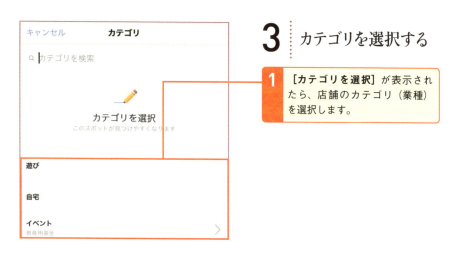

3 カテゴリを選択する

1 [カテゴリを選択] が表示されたら、店舗のカテゴリ（業種）を選択します。

4 位置を設定する

1 [場所を選択] が表示されたら、[今ここにいます] をタップします。

5 スポットの作成を完了する

1 表示された情報を確認し、[作成] をタップしてスポットの作成を完了します。

Instagramでの投稿時に作成したスポットが選択できるようになります。

◯ 店内に撮りたい気持ちを後押しする要素を作ろう

スポット情報とあわせて、店舗にはユーザーが写真を撮りたくなる要素を作りましょう。思わず撮りたくなるような視覚的インパクトのある看板メニューがあると目立つのですが、そうでない場合にも有効なアプローチはあります。

まず、テーブルの上や店内の壁を極力整理して、余計なものや掲示物がないようにしましょう。写真が撮りやすくなり、店内の印象もスッキリするはずです。そのうえでちょっと上等なインテリアや食器が使われていたら、ユーザーは写真を撮りたくなるものです。図表29-2 は、筆者が学生時代に行ったことがある喫茶店のスポット情報を表示した画面です。落ち着いた店内の雰囲気が伝わる写真が並んでいて、店舗側が前のめりなアピールをしなくても、見たユーザーに魅力的な店だなという印象が伝わるようになっています。

▶ スポット情報がついた投稿の一覧の例 図表29-2

地図で場所を確認できる

「人気投稿」を見ると、店の雰囲気が伝わる

東京都西国分寺市にある「クルミドコーヒー」のスポット情報がついた投稿の一覧画面

テーブルや壁に写真を撮るときに邪魔になるものがない店は、写真を撮りやすくてありがたいです。飲食店本来のサービスではないかもしれませんが、「インスタ映え」を意識するうえでは、意外と重要なポイントになります。

Lesson 30 ［インサイトの利用］
評価と改善に必要な「インサイト」の見方を確認しよう

このレッスンの ポイント

自社のアカウントや投稿がどれだけ閲覧されているかは、「インサイト」を見ればいつでも確認できます。リーチ数やフォロワーの年齢、性別比など詳細なデータも得られるので、施策の効果測定の重要な指標となります。

○ 個人用アカウントでは見られない情報がわかる

ビジネスプロフィールに切り替えたInstagramアカウントでは、「インサイト」と呼ばれる情報を表示できます。投稿ごとのいいねとコメントは誰でも確認できますが、リーチは通常だと見ることができません。しかしインサイトを表示すれば、投稿ごとのリーチやプロフィールを見られた数などが確認でき、Instagramマーケティングの評価に必要なデータが手に入ります。インサイトの表示は、図表30-1のように投稿とプロフィール画面から行います。

▶ **インサイトを表示する方法** 図表30-1

投稿から
投稿の［インサイトを見る］をタップ

プロフィール画面から
プロフィール画面でグラフのアイコンをタップ

Chapter 3　自社アカウントの運営を始めよう

◯ 投稿のインサイトでは見られた経路を確認しよう

投稿のインサイトには 図表30-2 のように「インタラクション数」と「発見」のパートがあり、「インタラクション数」では、投稿からプロフィールが見られた数を確認できます。「発見」では、フォロワーの増加数や、リーチ（ここでは見られたユニークアカウント数）、インプレッション（1ユーザーの重複も含む見られた総数）、およびハッシュタグやホーム画面からなど、インプレッションまでの経路がわかります。認知や共感を得るための投稿、反響をもらうための投稿など、目的に合った結果が出ているかを確認しましょう。

▶ 投稿のインサイトの表示内容 図表30-2

投稿のインサイトでは、その投稿のリーチ数など、通常では見られない指標が確認できる。「インタラクション数」セクションには投稿へのリアクション、「発見」セクションにはリーチや投稿が見られた経路などが表示される

▶ 投稿のインサイトに表示される指標の意味 図表30-3

指標	意味
インタラクション数	投稿またはプロフィールの合計タップ数
プロフィールへのアクセス	プロフィールの閲覧数
発見	投稿を発見したアカウント数（リーチと同じ数。フォロワーでない人の比率も表示される）
フォロー	投稿からのフォロワーの増加数
リーチ	投稿を見たユニーク（同一ユーザーの重複を除いた）アカウント数
インプレッション数	投稿が見られた合計回数。ハッシュタグ、プロフィール、ホーム（フィード）、その他の経路別の回数も表示される

○ プロフィールのインサイトで7日間の活動を見る

プロフィールのインサイトは［アクティビティ］［コンテンツ］［オーディエンス］の3つのタブに分かれています。［アクティビティ］タブでは、過去7日間のプロフィールへのアクセスやすべての投稿の総リーチ数などを確認できます。［コンテンツ］タブでは投稿を1つずつ選択し、インサイトを見られます。

［オーディエンス］タブのデータは、100人以上のフォロワーがいる場合に表示されます。フォロワーの場所や年齢、性別、活動している時間帯を調べることができ、フォロワーの属性を確認したり、活動時間帯を投稿のタイミングを決める参考にしたりできます。

▶ プロフィールのインサイト 図表30-4

［アクティビティ］タブ

タップすると、それぞれのタブを見られる

すべての投稿に対する、過去7日間分のリーチなどのデータが表示される

［コンテンツ］タブ

投稿の一覧が表示され、選択した投稿のインサイトを確認できる

［オーディエンス］タブ

フォロワーの場所、年齢、性別などの詳しい属性が表示される

● インサイトのデータは別途記録しておこう

インサイトのデータは施策の評価や改善に役立ちますが、Instagramのアプリ上で見られるだけで、なんらかの形で保存できる機能は提供されていません。

外部のデータ管理ツールが欲しいところですが、筆者が知る限り、2018年7月時点では日本語で使える十分な機能をもったデータ管理ツールはありません。外部へのデータ提供に関するポリシーや仕様の変更があったため、Instagramの承認を待っているツールが多い状態です。

本書執筆時点では、スクリーンショットを撮ったり、Excelに入力したりして必要なデータを記録しておくのが現実的です。手作業なのであまり手間をかけないようにして、投稿ごとにリーチといいねの数を一覧にし、結果の比較ができるようにしておきます。厳密には投稿からの経過時間と合わせて数値を見たいところですが、投稿から1週間程度が経過し、反響が落ち着いたころのデータを見るようにすれば、気になるほどの誤差は出ないでしょう。

顕在層向けに購入を後押しする段階では、プロフィールの表示数も確認します。購入意欲の高いユーザーはプロフィールを見て情報を得ようとするので、どの程度興味をもたれているかを知る参考になります。

▶ Excelで表にまとめた例 図表30-5

投稿ごとのリーチといいね数をまとめておく

手動で厳密にデータをとろうとすると大変ですが、リーチやいいねの数を表にまとめるだけで、どの投稿がよかったのかなどの分析には十分に役立ちます。

Lesson 31

[テストと改善のスケジュール]

段階的なテストで改善を進めよう

このレッスンのポイント

アカウントの運営を開始したら、データにもとづく改善を繰り返します。施策を変えながら結果を評価し、勝ちパターンを見つけましょう。目標設定と改善は段階的に行い、最終的なゴールを目指します。

◯ 一足飛びに「購入」には行かない

どの企業にも「売り上げを伸ばしたい」「来店客を増やしたい」のようなInstagramマーケティングで実現したい最終的な目標があるはずです。しかし、自社アカウントの運営がすぐ売り上げに結びつくわけではありません。図表31-1のように3段階の目標を設定し、順に取り組んでいきましょう。

第1段階では、リーチ増を目標にします。まずは投稿が十分な人数の目に触れるようにならなければ、売り上げも伸びようがありません。

十分なリーチが獲得できるようになったら、第2段階に移り、反響を増やすことを目標とします。ただ見られるだけでなく、ユーザーの気持ちを動かし、購入や来客につながる下地を作るのです。反響も十分に得られるようになったら第3段階に移り、購入につなげることを目指しましょう。

▶ 3段階で自社アカウントを育てる 図表31-1

第1段階 リーチを増やす	第2段階 反響を増やす	第3段階 購入を増やす
・とにかく見られる数を増やす ・リーチ数が重要指標	・ユーザーの気持ちを動かすことを意識する ・いいね数が重要指標	・購入や来店から、売り上げにつなげる ・売上金額などビジネス上の指標を重要指標に

Instagramの投稿が、すぐに商品の購入やサービスの利用につながるわけではない。まずリーチ、次に反響を増やすことを目標に取り組み、土台を作っていく意識が重要

◯ リーチを増やすにはタイミングやハッシュタグを変える

フォロワー数や投稿のリーチが少ない段階では、とにかくリーチを増やすことを目標として改善を繰り返します。リーチに大きく影響する要素は写真のクオリティかもしれませんが、==写真を改善するのはコストがかかるため、投稿の届け方から改善==していきましょう。図表31-2 のように投稿のタイミングとハッシュタグを変えてテストします。

投稿のタイミングをテストするには、月〜金曜日に毎日投稿したり、同じ曜日の朝の通勤時間帯、昼休み、夜など時間帯を変えて投稿したりして、曜日と時間帯ごとのリーチの変化を見ていきます。このとき、まったく違う雰囲気の写真を投稿すると、タイミングと写真のどちらの影響でリーチが変わったのかわかりません。似た雰囲気の写真を複数用意しておきましょう。

ハッシュタグのテストは、リーチに大きく影響すると思われる投稿数が多めのハッシュタグを入れ替えながら投稿します。被写体と関連が強いもの、やや離れたものなど数個のハッシュタグを入れ替えた投稿を比べて、ハッシュタグからのインプレッションの増減を調べます。

これらのテストでベストな投稿のタイミングとハッシュタグが見つかったら、同じ写真でもより多くのリーチが獲得できるはずです。このまま継続すれば徐々にフォロワーも増えリーチも伸びていくはずですが、広告などを組み合わせて接点を増やすことで、伸びを加速できます。

▶ 投稿のタイミングとハッシュタグを変えたテストの例　図表31-2

タイミングを変える

月〜金曜日に毎日投稿したり、毎週月曜日の 8:00、12:00、18:00、22:00 に投稿したりしてリーチの違いを確認する

ハッシュタグを変える

投稿件数が多めで誘導数増に有望なハッシュタグを 5 個ほどピックアップし、似た雰囲気の写真に 1 つずつつけて投稿する

テストで複数の条件を同時に変えてしまうと、なにが原因で結果が変わったのかわかりません。テストする条件以外はできるだけそろえましょう。

◯ 反響を増やすには投稿内容を変えていく

リーチが十分に増えたら、反響を増やすことに目標を変えて取り組みましょう。ユーザーにただ見られるだけでなく、「欲しい」「自分も体験したい」のように気持ちを動かせた結果が、いいねやコメントに現れます。==反響の数を示すもっともわかりやすい指標として、いいね数を増やす==ことを目指しましょう。

反響を増やすには、図表31-3 のように投稿の内容を変えてテストします。写真の被写体や撮り方、キャプションの書き方を変えていきましょう。

被写体や撮り方は、同じ人が考えているとどうしてもパターン化しがちです。たとえば飲食店なら、料理を正面から撮るよりも、おいしそうに食べているところが受けたり、カッコいい調理の場面が受けたりするかもしれません。アイデアの引き出しを増やすために、インフルエンサー連携や投稿キャンペーンの施策を行って、ほかの人の撮り方をヒントにするのも有意義です。

キャプションは、自社アカウントのフォロワーがよく見ているアカウントを調べて、書き方を研究するといいでしょう。内容的にはあまり変わらなくても、語尾の調子や、空白の開け方や改行など文章のテンポを変えるだけで、大きく反響が変わることもあります。

このほか、動画やカルーセルを使って投稿の形式を変える方法もあります。素材を用意できる場合はテストしてみて、効果を測ってみましょう。

▶ 投稿の内容を変えたテストの例　図表31-3

写真の内容を変える

自社がもっているカタログ用の写真と、インスタグラマー数人に依頼した写真を、順番に投稿する

キャプションを変える

1行だけの説明、ユーモアを交えた長めの状況説明、平易な表現で丁寧な感じの説明と、文章のテイストを変えて似た雰囲気の写真を投稿する

> 👍 **ワンポイント　1カ月周期でのテストを目標にしよう**
>
> 評価と改善は、1カ月に1サイクルのペースで行うことを目標にしましょう。施策の改善は、テストの結果を踏まえてさらなる改善案を考えるサイクルを何度も回し、洗練させていくことが大切です。1サイクルに時間をかけすぎず、1カ月ごとのペースを目標に、期間内で行える規模のテストを繰り返すようにしましょう。

最終的な目標に向けた施策では評価の方法も考える

投稿がよく見られ、反響ももらえるようになったら、もうひと押しで購入に至るユーザーが増えているはずです。最終的な目標を意識して、購入を後押しする施策を始めましょう。Instagram上の指標ではなく、売上金額や店舗の来客数などを指標に、投稿の内容を変えてテストをします。反響を増やすのでなく、購入を促すためのテストでは、写真の内容やキャプションを変えながら、図表31-4のように直接的に商品の魅力を伝えることを意識します。

このとき、適切な評価のために、売り上げがInstagram上の影響によるものか、そうでなく無関係に売れたのかを区別する方法を考えておく必要があります。たとえば、プロフィール画面からウェブサイトにアクセスしてもらうなら、Instagramだけからリンクする専用のランディングページを作ることで影響を確実に切り分けられます。

実店舗の売り上げは、通常時の売り上げと比較して概算します。たとえばアパレルを扱う小売店なら、特定の商品を投稿で紹介してから1週間の売り上げと、紹介していないときの売り上げを比較し、増加分をInstagramの効果と考えることで大まかな評価ができます。

▶ 購入につなげるテストの例 図表31-4

写真の内容を変える

商品を大きく撮った写真、利用中の人物を中心とした写真を順番に投稿する

キャプションを変える

商品の特徴の紹介、利用中の気持ちよさの描写など、伝える内容を変えて投稿する

まず見られる数を増やす、そして反響を増やす、と段階を踏んでいくことで、アカウントのファンであるフォロワーが増えていきます。同時にノウハウも蓄積され、目標を達成しやすくなります。

👍 **ワンポイント　Instagramの影響をわかりやすくする方法**

Instagram専用のランディングページを作るほかに、プロフィールに掲載する問い合わせ用の電話番号やメールアドレスを、Instagram専用にしておくのもいい方法です。ほかでは掲載していない電話番号やメールアドレスに問い合わせが来ることで、Instagram経由だと簡単に区別できるようになります。

質疑応答

Q 飲食店に「インスタ映え」する要素は絶対に必要ですか？

A 実は「インスタ映え」とはなにか？ は、本書の執筆にあたって、かなり悩んだ点でもあります。もともと、2016年ごろまでにいわれていた「インスタ映え」する商品とは、無地のきなりの生地のトートバッグや、ほとんど装飾がなくロゴだけを印字したコスメ商品など、シンプルなものばかりでした。センスのある人がこれらを撮り、オリジナリティあふれる表現に仕上げていました。
一方で、2017年に入ったころから目立ってきたのが、一般受けする新しい意味での「インスタ映え」──おもしろい、かわいい、めずらしいなど、誰が撮ってもいいねを集められる要素のあるものです。本書でも22ページでは、こちらの定義に合わせて解説しています。このインスタ映えも悪くはありませんが、徐々にインパクト重視の傾向が強くなっていることは心配しています。爆発的に話題になっても寿命が短く、半年ともたずに消えていく商品が増えているように思えるのです。
2018年後半からの「インスタ映え」は、シンプルで古びないアピールポイントを磨きながら、ときどき新奇性のある話題を提供していくのが理想的だと考えています。たとえば飲食店なら、内装や食器のひとつひとつからコンセプトが明確にわかるようにこだわり抜き、ときおり変わったメニューを作るような形がいいのではないでしょうか。

Chapter 4

インフルエンサーと連携した施策を打とう

ユーザーに強い影響力をもつインフルエンサーは、Instagramマーケティングを行ううえで重要なパートナーです。人選や依頼のポイントなどのノウハウを身につけ、効果的な施策を行いましょう。

Lesson 32 ［インフルエンサーができること］
ユーザーに行動を促す インフルエンサーの力を知ろう

このレッスンのポイント

インフルエンサーと連携した施策によって、企業は彼らの影響力を借りてユーザーに情報を伝えられます。インフルエンサーの影響力のしくみや、得られるさまざまな効果を理解しましょう。

○ インフルエンサーは「ファンに行動変容を促せる人」

インフルエンサーとは、ほかのユーザーへの影響力が強いユーザーを指す呼び名です。彼らのフォロワーは投稿を楽しみに見ており、発信する情報を信頼するファンとなります。

写真や動画を使うInstagram上のコミュニケーションは、文字だけのやりとりよりも、実生活に強い影響をおよぼすことが特徴です。たとえばファッション系インフルエンサーのコーディネートは、ファンに「自分もこの服を着てみたい」と強く思わせます。料理が得意なインフルエンサーのレシピは、「作ってみたい」と思うファンを実際に行動させます。

Instagramのインフルエンサーは、ほかのSNSよりもユーザーの行動に対する強い影響力をもち、マーケティング用語でいう「行動変容」（行動を変えること。たとえば企業の商品を購入すること）を起こす力が強いとされます。企業が商品の写真を投稿しても、ユーザーはそれを見て特に感想をもたないかもしれません。しかし、信頼しているインフルエンサーが投稿したら、ユーザーは「この人の紹介なら」と思い、共感から強い関心をもったり、購入の意欲が高まったりします。

▶ インフルエンサーの影響力　図表32-1

企業アカウントよりも多くのフォロワーをもつインフルエンサーに依頼することでリーチを広げられ、同時に行動変容を促せる

Chapter 4　インフルエンサーと連携した施策を打とう

● さまざまな規模のインフルエンサーがいる

ひと口にインフルエンサーといってもさまざまな人がいますが、ビジネス上では、規模（フォロワーの人数）ごとに分類することが多いです。

図表32-2 は、筆者が設定しているインフルエンサーの分類です。最上位はテレビ番組や雑誌などでもよく目にする「芸能人・タレント系インフルエンサー」。だいたい30万人以上のフォロワーをもちます。おすすめのユーザーとしてInstagramから紹介されることも多いため、コアなファンではないフォロワーも一定の割合でいると思われますが、絶大な影響力と、情報の露出効果をもちます。

それに次ぐ「パワーインフルエンサー」は、5万フォロワー以上をもつユーザーです。売り出し中のタレントやモデル、文化人など、マスメディアで名前を見かける人も多く、コアなファンを多数抱えていて、強い影響力を発揮します。

「マイクロインフルエンサー」は、5,000人以上のフォロワーをもつユーザーです。Instagram発でファンを増やしてきた一般ユーザーのほか、ニッチなジャンルで活動する有名人も含まれます。

5,000フォロワー未満のユーザーは、影響力を発揮する範囲が狭いため、通常はインフルエンサーとはみなしません。しかし、フォロワー数がインフルエンサーの絶対的な基準ではないので、特殊なジャンルにおいて第一人者といえる人や、少人数でもフォロワーとの強い関係をもつ人をインフルエンサーとして起用することもあります。

▶ フォロワー数によるインフルエンサーの分類 図表32-2

- 芸能人・タレント系インフルエンサー　300,000 フォロワー以上
- パワーインフルエンサー　50,000〜300,000 フォロワー未満
- マイクロインフルエンサー　5,000〜50,000 フォロワー未満
- 一般ユーザー　5,000 フォロワー未満

> フォロワー数はあくまで影響力の目安の1つですが、テレビなどほかのメディアでもファンを集める人ほど上位にいる傾向があります。

NEXT PAGE →

◯ 質の高い写真による高いアピール効果も

企業がインフルエンサー連携で得られるものは、彼らのリーチだけではありません。インフルエンサーはInstagramに精通しているユーザーでもあり、自社のブランディングやプロモーションに関して幅広い連携が可能です。

インフルエンサーはInstagramで受ける写真、評価される写真の撮り方を心得ています。彼らの投稿はフォロワーが多いこともあっていいねを多く獲得できるため、検索結果の「トップ」タブに載りやすい傾向があります。

そのため、商品やブランドに関心をもって検索したユーザーの購入を後押しするのに、非常に効果的です。トレンド感を盛り上げたり、ブランドイメージを高めたりと、さまざまなアピールが可能です。

▶ インフルエンサーの投稿はInstagram検索で露出しやすい 図表32-3

検索結果に質の高い写真が並ぶことで、トレンド感の盛り上げやブランドイメージ向上の効果がある

質の高い写真が検索結果に並ぶことで、商品やブランドの印象が一気によくなります。

👍 ワンポイント　インフルエンサーを探す方法は？

自社に合うインフルエンサーを探し、連携した仕事を依頼するには、キャスティング会社に仲介してもらうのが一般的です。
企業の担当者が自身でインフルエンサーを探し、契約し、依頼することもできますが、複数人に依頼するとなると、かなりの手間がかかります。キャスティング会社では在籍するインフルエンサーの中から適任の人材を選出し、連絡もすべて行い、必要に応じて施策の企画やサポートもしてくれます。キャスティングや施策の進め方について詳しくは、次のレッスン33で解説します。

投稿キャンペーンでもインフルエンサー起用が一般的

インフルエンサーの影響力は、投稿キャンペーンのようなイベントの参加者増にも貢献します。レッスン06でも施策を同時に行うことが有効だと解説しましたが、投稿キャンペーンの告知をインフルエンサーに依頼することは、多くの企業アカウントで行われています。

自社の商品と相性のいいインフルエンサーに、投稿キャンペーンの告知と同時に、作例や「お手本」となる投稿を依頼しましょう。たとえば皿やランチボックスのようなキッチン用品なら、料理が得意なインフルエンサーに実際に使ってもらい、料理を盛りつけた写真と、キャンペーンの告知を投稿してもらいます。

インフルエンサーのファンにとっては企業からの告知よりも強く興味がひかれ、インフルエンサーの投稿を作例として、自分はどのような写真を撮ろうか考えたり、これまでのインフルエンサーとのやりとりからアイデアを得たりして楽しめます。ただ告知のリーチが増えるだけでなく、数字では測りにくい盛り上げの効果も期待できるでしょう。

▶ インフルエンサーに投稿キャンペーンを告知してもらう 図表32-4

インフルエンサーはただリーチを広げるだけでなく、ユーザーの気持ちを盛り上げて強く参加を促せる

ワンポイント　さまざまなジャンルのインフルエンサーがいる

「インフルエンサー」と聞いてまず思い浮かぶのは、芸能人やモデルでしょう。案件の多いジャンルほどインフルエンサーとして活動する人も多くなるため、Instagramのマーケティング活用がもっとも盛んなファッションやコスメ系で活動するインフルエンサーは、人数が多くなっています。

現在はさまざまな業種でInstagramの活用が進み、料理やペット、風景写真など、多彩なジャンルのインフルエンサーが増えています。今後も、新ジャンルのインフルエンサーが次々と生まれるでしょう。

109

Lesson 33 ［連携施策の企画］
目的に合った施策の企画と人選をしよう

このレッスンのポイント

企業が実際にインフルエンサー連携施策を行う方法を、手順を追って解説します。目的の決定、企画のとりまとめからキャスティング、実施まで、各段階で必要になることを押さえてください。

○「認知・関心」か「購入」か目的を決める

インフルエンサー連携施策を行うにあたり、最初に重要になるのは目的の設定です。レッスン08では顧客を潜在層、顕在層、既存顧客の3階層に分けて解説しましたが、インフルエンサー連携は、潜在層に向けて認知や関心を得る施策、または顕在層の購入を後押しする施策に向いています。大枠の目的をどちらかに決めておきましょう。

その目的により、図表33-1のように施策のイメージは異なってきます。潜在層向けの施策では、リーチできる範囲を広く取ることに予算をかけ、認知・関心を増やすことを狙います。新商品や新ブランドの立ち上げ期など、認知が低い段階ではこの目的で施策を行いましょう。一方で、顕在層向け施策の場合は、ある程度のリーチを確保しつつ、購入に至るまでの後押しに予算をかけ、売り上げ増を狙います。具体的な施策の考え方を、次ページで見ていきましょう。

▶ 潜在層向け施策と顕在層向け施策の違い　図表33-1

顕在層向け施策
購入まで至ることを重視。ストーリー性のある訴求で、ユーザーの購入を後押しする

潜在層向け施策
リーチする範囲の広さを重視。深さは追求せず、多くの人に届けるようにする

潜在層向けにはリーチ、顕在層向けには購入と、目的が変わる

○ 認知・関心のためにはリーチの拡大を重視

潜在層向けに認知や関心の獲得を目的とした施策では、できるだけ多くのユーザーにリーチするようにします。そのためには、予算内で「インフルエンサーの人数×1人あたりのフォロワー数」が最大化するように仕掛けましょう。芸能人・タレント系のインフルエンサーを起用すれば一気にメジャー感が高まります。一方でマイクロインフルエンサーを多数起用する方法も有効です。可能ならば、レッスン34で解説するイベントなども組み合わせて、露出の機会を増やします。

> 新商品や新ブランドの立ち上げ時など、まず認知を増やしたい場合は、浅くてもできるだけ広いリーチを狙います。

○ 購入の後押しには商品に合ったストーリーを作る

顕在層を購入まで後押しするには、ユーザーから見てストーリー性が感じられる投稿をインフルエンサーに依頼します。効果的な方法は、図表33-2のように商品によって異なります。たとえばアパレル、コスメ、食品や飲料などは、リアルなユーザーの声を参考にする人が多い商品です。顧客に近い属性をもつ複数のインフルエンサーに依頼し、「あちこちにクチコミが散在している状態」を作りましょう。

インテリアや旅行のような高額な商品では、信頼がおける発信元からの情報を検討材料にする人が多くなります。食品なら料理研究家など、専門性の高いインフルエンサーを起用して継続的に投稿してもらい、ユーザーが信頼できる情報を増やしましょう。自社アカウントでも情報を発信することや、ウェブで検索するユーザーのために自社のウェブサイトの情報を充実させることも重要です。

▶ 購入を後押しする投稿の例　図表33-2

リアルなユーザーの声が有効な商品では、クチコミがあちこちにある状態を作って、情報を調べるユーザーに見つけてもらう

検討材料として信頼性の高い情報が必要な商品では、専門性の高いインフルエンサーに継続的な投稿を依頼する

◎ 依頼するインフルエンサーの詳細な条件を決める

目的を決めて施策のイメージができたら、詳細を詰め、インフルエンサーの人選を行います。小規模に行う場合は自社で探すこともありますが、多人数を起用して行う施策では、インフルエンサーのキャスティング会社に依頼するのが一般的です。ここでは、筆者の会社（株式会社パスチャー）でキャスティングを行う場合の進め方を例に解説します。

キャスティング会社では、紹介を依頼する商品、ターゲットの属性、目的、そして予算といった施策の仕様をまとめ、施策に合ったインフルエンサーの要件を定義します。図表33-3 で示すように、年齢、性別、ジャンル、人数、フォロワー数（インフルエンサーの規模）が主な要件です。通常の商品紹介では、インフルエンサーに商品を送付し、自由な時間に投稿してもらいます。新商品の発表会など、レッスン34で解説するようなイベントへの参加も希望する場合は、場所と日程を要件に加えて参加可能な人を探します。

キャスティング会社が提案してきた要件を自社で確認する際には、インフルエンサーのジャンル、人数、フォロワー数をよく見てください。ファッションやコスメ系のインフルエンサーは多数いますが、あまり案件のないジャンルの商品では、キャスティング会社で適切な人を紹介できない可能性もあります。そのような場合は、別の会社にも相談してみるほうがいいでしょう。

107ページではフォロワー数によりインフルエンサーをランク分けしましたが、どのような商品でも上位ランクのインフルエンサーに依頼するのがベストというわけではありません、芸能人でメジャー感を出すのがいいか、もっと身近な存在の人を起用するのがいいかは、キャスティング会社の考えを聞いてよく相談してください。

▶ **インフルエンサーの要件** 図表33-3

- ✓ 年齢
- ✓ 性別
- ✓ 人数
- ✓ フォロワー数
- ✓ ジャンル（コスメ、ファッションなど）
- ✓ イベント参加可否

インフルエンサー　→　候補決定

施策の目的とキャスティングの要件が合っているかをよく確認してから、具体的な人選に入りましょう。

● インフルエンサーの意思を確認して施策スタート

インフルエンサーの要件が決まると、キャスティング会社では候補となるインフルエンサーのリストと費用の見積もりを提出します。それらを自社で確認し、NGとしたい人がいれば伝えます。候補ひとりひとりのプロフィールや、これまでの投稿の内容を確認しましょう。確認のポイントに関しては、レッスン35も参照してください。

同時に、この段階でインフルエンサーへの具体的な指示内容を固めます。指示についてはレッスン36も参照してください。キャスティング会社では、最後にインフルエンサー自身の受注の意思を確認し、契約成立、施策のスタートとなります（図表33-4）。インフルエンサー連携施策は報酬を支払って商品の紹介などを依頼するビジネスですが、ただ依頼されるままに投稿するのでなく、==インフルエンサー自身が商品や企業に興味をもっていることが大切==で、投稿の内容にも影響します。意思確認のフェーズがなく契約成立するキャスティング会社もあるかもしれませんが、本人が興味をもって受けてくれるのかは、実施前に確認しておきたいところです。

▶ 候補の選定から施策スタートまでの流れ　図表33-4

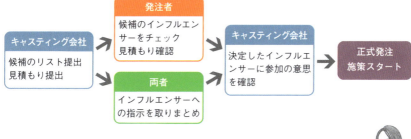

発注する前には、インフルエンサーの投稿をよく見て、投稿の傾向や作風が商品に合うかを確認しましょう。

👍 ワンポイント　報酬は「現物支給」の場合も

芸能人やパワーインフルエンサーに依頼する場合は相応の費用がかかりますが、多人数のマイクロインフルエンサーに依頼する企画では、「商品をプレゼントするので、実際に使って投稿してください」といった簡単な依頼で、金銭的報酬は支払わない場合があります。キャスティング会社には仲介料が必要ですが、この方法なら比較的低料金でインフルエンサーを起用できます。

Lesson 34 ［イベントとの組み合わせ］
リアルなイベントとの相乗効果を狙おう

このレッスンのポイント

モデル、タレント、写真家など、インフルエンサーの属性や得意なことを生かして、発表会やワークショップなどを組み合わせる施策も有効です。投稿のリーチ拡大とイベントの集客、さらにはメディア露出の拡大まで期待できます。

○ 情報の拡散や集客にインフルエンサーの力を借りる

インフルエンサー連携施策を企画するときには、投稿を依頼するだけでなくリアルのイベントも組み合わせ、露出を最大化する方法を検討しましょう。よく行われる事例では、アパレル／ファッション業界の新商品発表会や新店舗のオープンイベントに、ゲストとしてインフルエンサーを呼ぶものがあります。

インフルエンサーにイベントの様子を投稿してもらうことで、新商品や新店舗の情報が彼らのフォロワーに届きます。また、事前にイベントの告知を依頼することも可能になります。同時に自社での告知でも、インフルエンサーが来場することをアピールでき、集客効果をアップできます。さらに、インフルエンサーが参加して集客も増えれば話題性がアップし、メディアの取材や掲載記事も増えるでしょう。図表34-1のように、インフルエンサーに参加してもらうことで、3つの面でイベントの露出を増やすことができます。

▶ **イベントにインフルエンサーが参加する3つの効果** 図表34-1

インフルエンサーによるリーチ
インフルエンサーがイベントの様子を投稿。イベントの告知も行う

自社の集客強化
自社で集客するときに「○○さんも参加！」と告知の目玉にできる

インフルエンサー

メディア露出増
有名人が参加することで、イベントがメディアに取り上げられやすくなる

イベントにインフルエンサーを起用することで、集客や露出の大きな効果が見込める

Chapter 4 インフルエンサーと連携した施策を打とう

○「写真」を通じたコラボ企画の例も

アパレル／ファッション業界以外でも、インフルエンサーと連携し、イベントを行う事例が増えています。写真や趣味でのつながりを作りながら、イベントで話題作りと参加者のロイヤリティ向上を狙うことができます。

たとえば、インフルエンサーに投稿を求める形ではありませんが、ローソンでは「ローソンインスタ研究所」という名称で、有名インフルエンサーを講師に同社のコーヒーやスイーツを撮るワークショップを開催しました。

コンビニエンスストアの商品は、そのままで「インスタ映えする！」というほどではありません。しかし、見方を変えれば、または撮り方をひと工夫すれば、見違えるような写真として仕上げることも可能です。写真は被写体と向き合い、よく観察する行為でもあるため、こうしたワークショップは商品への知識や関心を深めてロイヤリティを高めてもらう、いい機会にもなるでしょう。

▶ ローソン「ローソンインスタ研究所」 図表34-2

インフルエンサーを講師に、一般のInstagramユーザーを募集して「ウチカフェスイーツ」や「マチカフェ」といったローソンの商品を撮影するワークショップを開催した

▶ ローソンインスタ研究所の記事
http://www.lawson.co.jp/lab/tsuushin/art/1278463_4659.html

企業、インフルエンサー、ファンが互いに関係を深める機会にもなるワークショップ形式のイベントは、今後の新しい形になると考えています。

Lesson [人選のポイント]

35 データから信頼できる人物を見極めよう

このレッスンのポイント

インフルエンサーの選定にあたって、本当に効果的な施策ができる人を見分けるヒントを解説します。「フォロワーが多いから」という理由だけで仕事を依頼してしまうのは避けるべきです。

◯ フォロワー数を「偽装」している可能性も

信頼できるキャスティング会社に人選を任せていれば問題ないと思われますが、自社でインフルエンサーを探す場合には、フォロワー数や投稿の作風を見る以外に注意しておきたいポイントがあります。Instagramに限らず、SNSには影響力があると見せかけたいユーザーのためにフォロワーを売る業者がおり、「インフルエンサー」を自称する人の中には、それを買っている人がいます。フォロワーの数字だけ多くても行動変容を促せないのでは、施策を依頼しても成果は出ません。

最近では偽装が巧妙になり、フォロワーだけでなくいいねを買っている場合もあるため、「買ったフォロワーなら投稿のいいねが少ないはず。いいねが多いからこの人は大丈夫だ」とも判断できなくなってきました。しっかりと過去の投稿を追って、長期間かつ継続的に投稿しているか、コメントも使ってフォロワーとのコミュニケーションも続けているかなど、活動の実態を詳細に確認しておく必要があります。

▶ フォロワーやいいねの数だけではインフルエンサーを判断できない 図表35-1

フォロワー数やいいね数は偽装も可能。きちんと継続的に活動し、フォロワーとのコミュニケーションも取れているかを確認する

信頼できるインフルエンサーを数字で見極めよう

信頼できるインフルエンサーを見極める目安として、図表35-2 に挙げる3点をチェックしてください。1つは、過去の投稿の「いいね数÷フォロワー数」で計算する「平均いいね率」です。フォロワー数の規模によっても基準は変動しますが、3%あればまあまあ、7%以上ならかなりいいです。1%以下はNGで、ほとんど影響力がないと判断します。

次に、投稿の中で企業からの依頼による商品紹介など（PR投稿）の比率を見ます。「企業から商品を借りた／もらった」のように書かれている投稿や、「#PR」ハッシュタグのついた投稿が、PR投稿です。詳しくはレッスン37も参照してください。過去の投稿の中でPR投稿の比率が40%を超える場合は高すぎると判断でき、フォロワーの気持ちが離れかけているかもしれません。商品の紹介を依頼しても、意外と効果が薄くなるおそれがあります。

インフルエンサーがビジネスプロフィールを利用している場合は、直近の投稿数件のインサイトを共有してもらい、「リーチ÷フォロワー数」の「平均リーチ率」を算出してみましょう。先述のようにいいねを買って偽装する例もありますが、リーチは数が多いため偽装が難しく、信頼性の高い数字です。インフルエンサーと呼べる影響力があるユーザーの投稿では、80%〜150%のリーチ率が標準的です。加えて、プロフィールのインサイトを共有してもらうのも参考になります。フォロワーの男女比や年齢構成から、自社が想定するターゲットが含まれているかを確認できます。

▶ インフルエンサーの影響力の目安　図表35-2

平均いいね率	PR投稿率	平均リーチ率
過去の投稿10件程度の平均いいね数÷フォロワー数	過去の投稿10件程度のPR投稿の割合	過去の投稿10件程度の平均リーチ÷フォロワー数（インサイトの情報が必要）
3%〜7%程度なら十分。1%を切る場合は影響力なしでNG	40%を超える場合はPR投稿が多すぎてフォロワーの気持ちが離れているおそれがある	投稿のテーマにもよるが、インフルエンサーの投稿では80%〜150%が標準的

影響力がありファンに支持されているインフルエンサーを見極めるには、上記の3つの数字を目安にする

インフルエンサーのビジネスプロフィール利用率は、まだ高くありません。しかし、今後は確実に利用が広がり、データの共有も受けやすくなるでしょう。

Lesson 36 ［インフルエンサーへの指示］
投稿のタイミングや狙いを適切に指示しよう

このレッスンのポイント

インフルエンサーに依頼するときは、自社の狙いや商品の特徴などを、はっきりと指示するべきです。一方で、写真の表現方法そのものを指定するのはよくありません。適切な指示の方法を解説します。

○ 投稿の方法は指示して、表現はお任せに

インフルエンサー連携施策では、依頼にあたって詳細な指示書を作成します。投稿の前に伝えておきたい、自社の狙いや商品の特徴をまとめておくほか、投稿してほしい回数やタイミング、ハッシュタグなども具体的に指示します。これらはアピール効果を最大化するために必要で、指示がなければインフルエンサーも困ってしまいます。

一方で、「商品を大きく写して」「明るい色合いで」のように具体的な表現を指示してしまうと、インフルエンサーは自分の考える表現ができずに戸惑ってしまいます。表現方法を詳細に指示するなら、プロのカメラマンに発注すればいいことです。撮り方や加工などは、お任せにして自由に表現してもらいましょう。

▶ 指示すべきこと、指示しないほうがいいこと 図表36-1

明確に指示すべきこと	お任せにすべきこと
・狙いや商品の特徴 ・投稿のタイミング ・使用するハッシュタグ	・撮影手法 ・写真の加工 ・キャプションの内容

自社 → 指示 → インフルエンサー

自社の狙いや商品の特徴をしっかりと伝えたうえで、具体的な表現は、インフルエンサーのセンスを存分に発揮してもらいましょう。

Chapter 4 インフルエンサーと連携した施策を打とう

指示に抜け漏れがないかチェックしておこう

インフルエンサーにどのような項目を指示するかは、**図表36-2** のチェックシートを参考にしてください。

狙いや商品の特徴は、指示書に詳細に記載しておきます。キャプションの内容は指定しないのが望ましいですが、「ここはぜひ伝えてほしい」という項目があれば、書いておくといいでしょう。

投稿日時と回数、ハッシュタグも重要な情報なので、指示を忘れないようにしましょう。投稿の種類（ストーリーズでの投稿を指示するか）や撮影対象（なに／どこを写してほしいか）は、特に指定がなければ触れなくてもかまいません。

そのほかに忘れてはいけないのが、「PR表記」についてです。詳細はレッスン37でも解説しますが、==企業からの依頼を受けての投稿であることを明らかにするため、「こう書いてほしい」と明確に指示==しましょう。

また、投稿前に自社で確認したい場合は事前確認について、写真を自社サイトなどで利用したい場合は二次利用について、事前に必ず伝えるようにします。

▶ 指示内容のチェックシート 図表36-2

カテゴリ	項目	内容
企画趣旨	狙い	「○月○日に新商品が発売になるので多くの人の認知を獲得したい」「商品の魅力を知って、購入を検討しようと思ってほしい」「△月△日から投稿キャンペーンを行うので、参加者を増やしたい」など、インフルエンサーの投稿によって達成したい目的や施策の意図
	商品の特徴	商品の正式名称や特徴、セールスポイント、競合商品との差別化のポイントなど、特に注目してほしい特徴や紹介してほしい情報
タイミング	投稿日時および回数	「新商品の発売日に1回、その後2週間以内に2回」など。ピンポイントでなく2～3日の幅をもって指定すると、インフルエンサーは投稿しやすい
投稿内容	投稿の種類	特に指示がなければ通常のフィードへの投稿。ストーリーズでも投稿してほしい場合は指示する
	撮影対象	商品のパッケージやロゴなど、必ず写し込んでほしいものがあれば指示する
	ハッシュタグ	ブランド名や商品名、キャンペーンのハッシュタグを指定。多すぎてもやりにくいため、5個までを目安とする
その他	PR表記	ハッシュタグの最初に「#PR」をつける、キャプションの冒頭に「○○社よりキャンペーンのお知らせ」と書くなど、企業からの依頼による（PRの）投稿であることを示す方法
	紹介するアカウント	キャプションで紹介してほしい自社アカウント
	事前確認の有無	トラブルを避けるために投稿前の確認を求める場合は明記する。ただし、事前確認を求めると無難な内容となってしまうことも多い。キャスティング会社によっては、インフルエンサーに任せており確認は行わない、というスタンスの場合もある
	二次利用の有無	「自社サイトへの転載」「広告バナーでの利用」など、二次利用の可能性がある場合は、具体的な用途を発注時に伝える

119

Lesson 37 [連携施策の注意点]

「ステマ」や「不当表示」になる致命的なトラブルを避けよう

このレッスンのポイント

インフルエンサー連携施策での投稿は、いわゆる「ステマ」にならないよう注意が必要です。また、景表法における「不当表示」など、違法な投稿にならないよう知識をつけておきましょう。

○ 企業からの依頼による投稿であることを明記する

インフルエンサー連携施策の投稿を「企業からの依頼である」ことを隠した形で行うと、いわゆる「ステマ」(ステルスマーケティング=宣伝であることを隠した宣伝行為)となってしまいます。==ステマが違法なわけではありませんが、企業とインフルエンサーのブランドイメージや信頼を著しく損ねます==。企業からの依頼による投稿であることを明確に開示して、ステマと判断されることを避けなければなりません。現状では開示の方法に法的なルールは定められていませんが、JIAA(日本インタラクティブ広告協会)の「ネイティブ広告に関する推奨規定」に沿った表記をするのが適切でしょう。具体的には、図表37-1のように「#PR」ハッシュタグをつけることが多いです。ただし、多くのタグの中に目立たないように忍ばせても意味がないので、1個目につけるなどして、わかりやすくします。加えて、キャプションで「○○社から提供してもらった△△を紹介します」のように企業提供だとわかる一文を書くようにすると、より明確になります。このような記述の内容は、依頼元である自社からはっきりと指示しましょう。

▶ JIAA ネイティブ広告に関する推奨規定
http://www.jiaa.org/download/JIAA_nativead_rule.pdf

▶ 「ステマ」にしないためのPR表記の例 図表37-1

● インフルエンサーの認識不足からの不当表示に注意

商品紹介の投稿で事実と異なる表現をしてしまうと、「不当景品類及び不当表示防止法」(景表法) 違反となるおそれがあります。景表法は、事実と異なる表現で消費者に誤認させる広告などの表現を規制し、消費者を守るための法律です。景表法違反となる典型的な表現としては、図表37-2 のような「優良誤認表示」(実際よりも優れたものと誤認させる) や「有利誤認表示」(実際より有利な条件と誤認させる) があります。

これらをインフルエンサーが故意に行うのは論外ですが、<u>単純な誤解や、商品をほめる表現の行きすぎによって、不当表示に該当してしまう可能性がある</u>ことに注意してください。インフルエンサーには商品の特徴を正確に説明し、主観的な感想を中心に書けばよく、大げさな表現は避けるようにと依頼しましょう。

▶ 景表法違反の例 図表37-2

優良誤認表示
自然由来成分100%のコスメ!
確認してないけど…

有利誤認表示
今だけの特別価格!
いつもと同じ値段だけど

商品紹介の経験が少ないインフルエンサーに依頼する場合には、極端な表現は避け、使用感などを自分の言葉で正直に書くよう依頼しましょう。

👍 ワンポイント　企業との関係を明示する新機能「ブランドのタグ付け」

Instagramでは、企業との関係を明示する新機能「ブランドのタグ付け」の搭載が進んでいます。企業のアカウントからインフルエンサーのアカウントを指定すると、そのインフルエンサーは投稿時に企業のアカウントをタグ付け (写真の中で関連づけ) することで提携関係を明示できるようになります。

2018年7月現在、多くのアカウントで「ブランドのタグ付け」機能が利用可能になっています。しかし、指定できるインフルエンサーが、まだ認証バッジのついた一部の有名人アカウントに限られるようです。すべてのユーザーを指定できるようになったら、「#PR」に代わって使われる可能性があります。

Lesson [連携施策の効果測定]
38 通常投稿と自社依頼の投稿を比較して施策を評価しよう

このレッスンのポイント

インフルエンサー連携施策の評価では、自社が依頼した投稿のリーチやいいねの数を算出して、インフルエンサーの通常の投稿と比べましょう。通常よりよかったか、反響のいい投稿はどれだったかを見ていきます。

◎ 次回以降の人選と投稿の参考にしよう

インフルエンサー連携施策の評価は手間がかかりますが、簡単にでも結果をまとめて、評価しましょう。もっともシンプルなのは、反響（いいね）の数を数値目標として立てておき、投稿のいいね数を集計して評価する方法です。目標に対して達成した数値をまとめ、次回以降の施策での目安としましょう。

同時に、インフルエンサーの通常の投稿における平均いいね数と、自社の依頼による投稿のいいねを比較します。自社の依頼による数値がよければ、そのインフルエンサーと相性のいい商品、または企画だったといえます。次回以降の施策でも依頼する、有力な候補と考えましょう。インフルエンサーの投稿の中で、特にいいねが多かった投稿も調べておきましょう。多くのいいねを獲得した投稿の撮り方やキャプションの書き方は、今後の参考になります。

▶ インフルエンサー連携施策でのチェック項目　図表38-1

インフルエンサーとの相性を測る目安にする

写真での見せ方やキャプションの書き方を参考にする

○ ビジネスプロフィールのほうが得られる情報が多い

インフルエンサーがビジネスプロフィールを利用している場合は、投稿ごとのリーチも計測できます。<mark>認知や関心を狙った施策では、リーチをもっとも重要な指標として集計</mark>しましょう。

より詳細な評価を行う場合は、コメントの数や内容も集計して、インフルエンサーの投稿にどのようなコメントがついたかも見ていきます。理想的なコメントが多かった投稿の方法を自社アカウントで参考にしたり、そのインフルエンサーや似た属性の人に以後の施策でも依頼するようにしたりと、運営の参考にします。その他、図表38-2 のような指標を参照します。

▶ インフルエンサー連携施策を評価する指標 図表38-2

項目	内容・意味
いいね数	反響の大きさを測る主な指標
いいね率（いいね数÷フォロワー数）	反響の獲得率
コメント数	いいね数とあわせて反響の大きさを測る参考に
コメントの内容	「欲しい」「行きたい」などの行動変容がうかがえるコメントに、どのようなものがあったかを見る
リーチ	どれだけの人に閲覧されたか（ユニークユーザー数）
インプレッション	どれだけ多く表示されたか（のべユーザー数）
いいね率の高かった投稿	商品に合った表現のサンプルとする
いいね率の低かった投稿	商品に合わない表現のサンプルとする

投稿のいいねだけでなく、リーチもわかったほうが以降の施策の参考になります。ビジネスプロフィールのインフルエンサーには、必ずインサイト情報の共有を求めましょう。

👍 ワンポイント インフルエンサーと表現の実験をする

インフルエンサー連携施策は、自社アカウントでは普段行わない表現をテストする機会にもなります。自社からインフルエンサーに表現を指示してしまうのはよくありませんが、通常とは違った被写体や撮り方のアイデアを提案してみてもいいでしょう。

あるスキンケア用品メーカーの施策で、未使用のパッケージ、使いかけの商品、使用した肌、の3パターンの被写体をインフルエンサーに投稿してもらったことがありました。このときは使いかけの商品の写真に使用感を書いた投稿の反響が一番よく、その後はメーカーのアカウントでも、使いかけの商品の写真を使うようになりました。

🎤 質疑応答

Q スタッフをインフルエンサーとして店舗の広告塔にしたいです

A 「社内のスタッフをインフルエンサーに育てたい」という声はよく聞きますが、簡単なことではありません。ましてや通常業務の片手間にやらせるのでは、奇跡を望むようなものだと思います。すでにインフルエンサーとして活動している人を雇って発信を手伝ってもらおうと考える場合もあります。しかし、実力のあるインフルエンサーは個人で仕事ができるので、企業に所属してもらうことが難しくなります。

社内インフルエンサーを求める理由に、身近でいつでも依頼できる、発信力のある人が欲しいという考えがあります。この発想はよくわかります。そこで別の解決策として、発信力がある外部の人と契約して「アンバサダーマーケティング」を実施する形はどうでしょうか？

アンバサダーとは「大使」の意味ですが、一般のユーザーでありながら企業やブランドに近い、まさに親善大使のような立場で発信する人のことです。複数の企業の情報を発信するインフルエンサーとは異なり、アンバサダーは特定のブランドの代弁者として活動し、深い知識にもとづいた、説得力のある発信ができることが強みです。通常業務まで任せることはできませんが、広報・PRを外注するのだとイメージすれば、現実的な選択肢の1つとして考えられるでしょう。

Chapter 5

ユーザー参加の投稿キャンペーンを実施しよう

テーマを設定し、ユーザーからの投稿を募集する投稿キャンペーンは、認知やブランドイメージの向上など、さまざまな目的で実施します。企画立案から評価まで、効果的な運営のコツを解説します。

Lesson 39 ［キャンペーンの狙い］

投稿キャンペーンで得られる4つのメリットを理解しよう

このレッスンのポイント

企業主催で「○○写真を大募集」「○○コンクール」のようにユーザーの投稿を募集するのが、投稿キャンペーンです。Instagramユーザーの関心を集め、関連テーマの投稿を増やすなどの効果があります。

◯ テーマとハッシュタグを決めて広く投稿を募集する

投稿キャンペーンとは、テーマを決めて特典を用意し、ユーザーから広く投稿を集める施策です。コンテスト形式で入賞者に特典、または抽選で特典を提供する形で行われます。

Instagramの投稿キャンペーンは、応募の目印としてハッシュタグを使い、主催者指定のハッシュタグをつけた投稿を応募作品として扱います。優れたキャンペーンでは応募作品を見た人がキャンペーンを知って次々と参加者が増えていきます。そして、==キャンペーンの応募方法を調べたり写真を撮ったりする過程で==、==自然と商品やブランドを認知したり、関心をもったりする==ように仕掛けられています（図表39-1）。

▶ 投稿キャンペーンの流れ 図表39-1

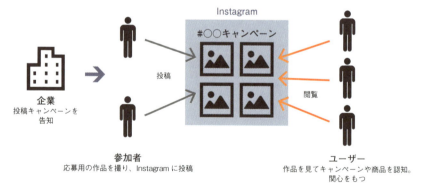

参加者が投稿した作品によって、キャンペーンや商品への認知・関心が広がっていく

Chapter 5 ユーザー参加の投稿キャンペーンを実施しよう

良質な作品が集まり、認知やイメージの向上につながる

企画と運営方法により、投稿キャンペーンで得られるメリットはさまざまです。まず、新商品や新ブランドに絡めた企画なら、告知や投稿が出回ることで認知向上やブランドイメージ向上の効果があります。多くの人が応募して投稿が増えるほど、効果も広がっていきます。

投稿キャンペーンでは、特典を贈る際の連絡などのために、参加者には企業のアカウントをフォローすることを求めます。これによって、==自社アカウントのフォロワーが増える効果もあります==。

また、投稿された作品は、参加者の許諾を得たうえで企業が二次利用することも考えられます。自社アカウントで投稿したり広告に利用したりする写真素材を入手する機会にもできます。

多くの良質な作品が投稿され、関連するハッシュタグ検索結果の「トップ」タブに並ぶことで、情報を調べるユーザーへの露出増の効果もあります。キャンペーンのテーマやハッシュタグをうまく設定すれば、近いキーワードから自社ブランドに関心を向けさせることが可能です。

▶ 投稿キャンペーンの4つのメリット 図表39-2

認知・ブランドイメージの向上
応募作品が増えることで商品の認知やブランドのイメージ向上につながる

フォロワー獲得
参加者に自社アカウントをフォローしてもらうことで、フォロワーが増える

写真素材増
投稿者の許諾を得て、応募作品を自社サイトやカタログなどで二次利用することも可能

検索結果での露出増
情報を調べるユーザーが見る検索結果に関連投稿が並び、情報を露出できる

なにを一番の目的としてキャンペーンを行うのか、最初に決めておくことが大切です。

👍 ワンポイント　Instagramは良質な写真を集めるために最適

投稿キャンペーンは、FacebookやTwitterで行われることもあります。しかし、Facebookは投稿の公開範囲を限定しているユーザーが多く、情報の拡散にはあまり向きません。Twitterは日本のユーザー数が多くて情報の拡散が早く、文字による投稿募集では良質なものが集まります。しかし、写真だと質のばらつきが大きくなりがちです。写真の投稿キャンペーンは質が重要なので、写真好きなユーザーの集まるInstagramが最適です。

Lesson 40 ［キャンペーンの企画］
応募作品が集まり盛り上がるテーマを設定しよう

このレッスンのポイント

投稿キャンペーンの企画を立てましょう。テーマや特典、実施期間など決めるべきことは多数ありますが、多くの参加者と良質な応募作品（写真）が集まり、自社の狙いが達成できるよう、順に考えていきます。

○ 目的に合ったテーマの設定がカギ

投稿キャンペーンの企画では、決めていくことが多数あります。予算がある場合はすべて自社で企画せず、Instagramマーケティングの支援を手掛ける会社に依頼することも多いです。

ここでは 図表40-1 の流れに沿って、企画を立てる手順を解説します。中でも重要なのが、目的に合ったテーマを設定することです。多くの人に知ってもらうこと（認知拡大）が目的なら投稿しやすいテーマが有効ですが、「リアルなユーザーの声を集めたい」といった目的なら、商品の購入者でないと撮れないようなテーマがいいでしょう。また、その目的に合った適切なハードルの高さ（難度）も意識しましょう。

参加者のモチベーションを高めるには、特典の設定も大事です。商品や賞金でなく、「公式グッズに写真を採用したうえで贈呈」のような特典を設定する場合もあります。

▶ 投稿キャンペーンを企画する流れ 図表40-1

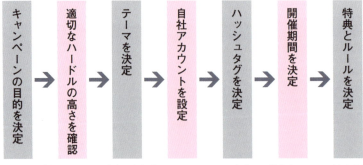

目的から適切なテーマを決定。参加者のモチベーションを高める特典とルールの決定も重要

キャンペーンで実現したい目的を決める

企画の最初に、キャンペーンを実施する目的を設定しましょう。代表的な目的としては、図表40-2 の4つが挙げられます。投稿を増やして認知を増やしたいなら「認知拡大」、参加を通してブランドに親近感をもってくれる人を増やしたいなら「ロイヤリティ向上」です。

良質な写真で商品のよさを伝えてもらい、好印象を与えることを目指す場合は「ブランディング」を目的にします。ウェブサイトや広告での二次利用のため良質な写真を集める「素材収集」を目的とする場合もあります。

目的が決まったら、それに応じたハードルの高さを確認してください。ここでいうハードルとは、次ページで決めるテーマの難度の目安のことです。

認知拡大やロイヤリティ向上を目指す場合は、多くの人が気軽に投稿できることが望ましいです。そのため、誰でもすぐ撮れる写真や、これまでに撮ったことがある写真を投稿できるような、低いハードルを設定します。

一方で、商品のよさを伝えるブランディングを目的とするなら、ハードルを上げて商品を使っている人にしか投稿できないテーマを設定したほうが、良質な作品を集めやすいでしょう。素材収集のために質を求める場合も、写真に自信のある人がチャレンジしたくなるような、高めのハードルのほうが適しています。

▶ 4つの目的と2段階のハードル 図表40-2

目的		ハードルの高さ
認知拡大 「とにかく応募作品の数を増やして認知を広げたい！」	→	**低めのハードル** ・商品を購入しなくても撮れる ・多くの人が撮ったことがあるような写真で応募できる
ロイヤリティ向上 「投稿を通して、多くの人に商品やブランドを身近に感じてほしい」	→	
ブランディング 「実際に体験してくれた人に投稿してもらい、よさを伝えたい！」	→	**高めのハードル** ・商品の購入者、サービスの体験者でないと撮影できない ・技術的に撮影が難しい
素材収集 「ユーザー目線で撮影された写真素材を集めたい！」	→	

> 目的に合ったテーマを設定するために、ハードルは低いほうがいいのか、高めにするほうがいいのかを意識しておきましょう。

◯ 参加して楽しいテーマを考えよう

前ページで確認したハードルの高さを考慮しながら、投稿キャンペーンのテーマを決めます。なにも考えないと「商品と一緒に写真を撮ってください」といったテーマになりがちですが、ユーザーが必ずしも自社の商品を撮りたいと思っているとは限りません。参加者が「撮りたい！見せたい！」と思えるテーマを設定してください。

鉄板といえるのが「ペット」と「子ども」（赤ちゃん）を絡めたテーマ設定です。ペットや子どもがいる家庭のユーザーは、ほぼ確実に「撮りたい」「写真を見せたい」という欲求をもっており、撮りためた写真もたくさんもっているはずです。ハードルの低いキャンペーンを企画するには最適なテーマです。

ハードルを上げて盛り上がるテーマを設定するのは難度が高くなりますが、観光地を訪れた人に投稿してもらう、商品の写真と思い出を投稿してもらうなど、いいエピソードをキャプションで引き出せそうなテーマを意識するといいでしょう。おもしろいテーマの事例として、タイヤメーカーのTOYO TIRES（東洋ゴム工業）が行った「#ミチソラ」キャンペーンを紹介します。ハッシュタグそのままの「道と空」をテーマにしたもので、道と空の印象的な写真が増えることでドライブへのニーズを喚起し、タイヤの購入につなげるという、ハードルは高めで、商品の宣伝としてはやや遠回りとも思えるテーマです。

このキャンペーンは2018年3月に終了しましたが、==その後も「#ミチソラ」をつけた写真が投稿され続け、キャンペーンを超えたテーマとして定着しています。==

▶ TOYO TIRES #ミチソラ投稿キャンペーン 図表40-3
http://www.toyo-rubber.co.jp/special/michisora/

参加して楽しく、盛り上がるテーマであることが重要です。自社や商品とはやや遠いテーマでも、魅力的なものを設定しましょう。

「道と空」の写真を募集したキャンペーン。ハッシュタグ「#ミチソラ」は終了後もInstagramに定着している

⭕ 自社アカウントのフォローは必須条件に

投稿キャンペーンでは、特典の受け渡しに関する連絡をダイレクト（メッセージ機能）で行うのが一般的です。よって、自社アカウントをフォローしていることを、特典の対象者の条件としましょう。自社アカウントの世界観とは異なる企画の場合などでは、「○○キャンペーン事務局」のようなアカウントを一時的に開設することもあります。

自社アカウントをフォローしていないユーザーの場合、自社から連絡のためメッセージを送っても、図表40-4 のようにダイレクトの画面に切り替えないとメッセージに気づくことができません。連絡が取れずにトラブルのもとになるので、必ずフォローしてもらうことを応募の条件にしましょう。

▶ ダイレクトメッセージの通知 図表40-4

自社アカウントをフォローしていない

ダイレクトの画面で［リクエスト1件］と表示されるだけ

自社アカウントをフォローしている

基本画面にダイレクトメッセージが届いていることが通知される

⭕ キャンペーン用ハッシュタグは誰も使っていないものに

テーマが固まってきたら、キャンペーンに応募する投稿につけてもらう専用のハッシュタグを決めます。キャンペーンの投稿を区別するために、これまで誰も使っておらず、なおかつ覚えやすいものが適切です。商品名やブランド名をアレンジしたものがわかりやすいでしょう。
たとえば、ブランド名が「パスチャー」なら「#パスキャン2018」のような、短くて重複しにくい（ほかで使われることがなさそうな）ハッシュタグにします。

投稿するときに「ハッシュタグはなんだっけ？」とならない、覚えやすいものがベストです。

NEXT PAGE ➡

● 期間は最短でも1カ月は確保する

投稿キャンペーンのテーマとハッシュタグが決まったら、次に期間を設定します。募集が周知されて作品が集まるまでにはどうしても時間がかかるので、期間は短くても1カ月は取るようにしましょう。一方で、期間が長すぎてもダレたり、忘れたりしてしまうので、長くても2カ月以内にすることをおすすめします。

投稿キャンペーンを企画する期間の近くで新商品の発売や記念日などのイベントがあれば、それらに関連づけた企画としてスケジュールを考えましょう。「○○記念」のように銘打って自然に告知でき、覚えてもらいやすくなります。

図表40-5 は、イベントに合わせたスケジュール設定の例です。たとえば新商品を発売し、3カ月後に販促施策を行う場合、発売日から新商品の発売記念として投稿キャンペーンを2カ月間実施し、優秀な応募作品を3カ月後の販促施策でポスターの素材として二次利用する、という形が考えられます。

また、店舗の○周年記念に合わせたフォトコンテストを実施する場合なら、記念日の1カ月半前から実施し、1週間前に締め切って、記念日のイベントで入選作品を発表といったスケジュールがいいでしょう。

▶ イベントに合わせたスケジュール設定の例 図表40-5

新商品の発売や店舗の○周年イベントなどのイベントがあれば、それを基準としてスケジュールを決める

👍 **ワンポイント　関連するイベントの告知スケジュールを確認しよう**

イベントに関連づけて投稿キャンペーンを行う場合は、イベントの担当者と情報共有し、告知の予定を確認しておきましょう。チラシなどを作成するときに投稿キャンペーンも紹介してもらったり、Instagramからイベントの告知をしたりと、互いに協力し合うことで集客や投稿増が狙えます。

● みんなが特典を期待できるルールの設計も大切

最後に、投稿キャンペーンの特典と、特典を提供するルールを決めます。特典は商品そのものやギフト券などが多いですが、メディアに掲載する、観光地で「○○親善大使」に任命するなどの「名誉」を特典として設ける場合もあります。名誉を特典とする場合も、副賞としてなんらかの賞品を用意するといいでしょう。

特典を提供するルールは、キャンペーン事務局や審査員による審査を行う場合と、抽選でランダムに提供する場合の2通りがあります。ハードルの低いキャンペーンでは、誰にでもチャンスがある抽選形式が多いです。抽選形式の場合は、応募作品の投稿数が増えるほど特典も増える形にすると、投稿者のモチベーションを高められます。たとえば 図表40-6 のように、投稿数が増えるごとに当選者数も当選率も上がるシステムになっていれば、投稿者がまわりの人にも応募を促すインセンティブにもなります。

ハードルが高めの場合は審査形式とし、インフルエンサーや有名人を審査員に起用して権威づけすることもあります。また、重点的に投稿してほしいテーマの特別賞を設定するのもいいでしょう。たとえば素材収集を目的としていて、夜に撮影した写真が欲しければ「夜景賞」を設ける、といった形です。

▶ 投稿数が増えるごとに特典も増える例 図表40-6

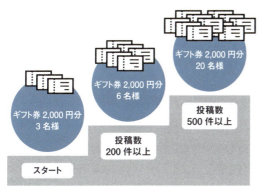

応募作品の投稿数が増えるほど特典の数が増え、全体での当選率も上がる

一般に、投稿キャンペーンの投稿数は数百件程度で、500件も投稿があればかなりいいほうです。投稿数が増えるほど特典も増えるようにする場合は、500〜1,000件程度までを想定しておきましょう。

Lesson 41 ［応募規約］
写真の二次利用まで想定した応募規約を制定しよう

このレッスンのポイント

投稿キャンペーンの規約を作成するときには、応募作品の二次利用を想定しておきましょう。二次利用の目的や範囲を明記し、あとから問題が起こらないようにします。同時にInstagramのガイドラインにも対応します。

● どこまでの二次利用を想定するか？

投稿キャンペーンの応募作品を、自社の宣伝・マーケティング施策で二次利用したい場合があります。他者の著作物である写真を無許可では利用できないため、あらかじめ応募規約に関連する内容を明記しておき、参加者が事前に確認できるようにしましょう。

二次利用の方法には 図表41-1 のようなものがあります。どのように使いたいか、具体的な用途を考えておきましょう。もっとも簡単なのは、Instagram上で自社アカウントから写真を投稿し、紹介する形です。これはTwitterのリツイートに近い感覚で、「リポスト」とも呼ばれ、リポスト専用のアプリもあります。慣例的に、リポストは無許可で行われることが多く、好意的な紹介なら問題ないでしょう。

自社サイトでの利用や印刷しての利用など、Instagram外で二次利用する場合は、必ず事前に了承を得るようにします。一般的に想定されるのは、商品を紹介するウェブサイトやECサイトでの使用、広告やカタログ、掲示物の素材としての利用などです。

▶ 想定される応募作品の二次利用　図表41-1

Instagram上やウェブ上、または印刷しての利用など、幅広い二次利用の可能性が考えられる

● 応募作品を使った商品を発売する企画も

紹介や宣伝のための二次利用にとどまらず、作品の商品化を前提とした投稿キャンペーンもあります。事例として、原田産業のマスク「大人の贅沢マスク」のパッケージモデルになる犬の写真を募集した「パケわんグランプリ」を紹介しましょう（ 図表41-2 ）。

このキャンペーンでは、投稿された作品が商品のパッケージになって販売され、採用作品を投稿した参加者には実際の商品がプレゼントされました。作品が企業に使われるのは、参加者にとってはうれしいのと同時に、用途や条件が不透明だと不安を感じる場合もあるものです。「パケわんグランプリ」の応募規約では、作品の用途を「商品パッケージ、ホームページや公式SNSへの掲載目的に限り使用させていただきます」と説明し、==ほかの用途は想定していないと明らかにすることで、安心して応募できるようになっています==。

▶ 原田産業「パケわんグランプリ」 図表41-2

http://www.zeitaku-mask.com/pakewan-guranpuri/

マスクのパッケージに使う犬の写真をキャンペーンで募集。応募作品を実際に使用した商品が発売された

> パッケージ写真として商品化するなど応募作品の扱いが大きな場合ほど、最初に全体像をしっかりと説明し、参加者に安心してもらうことが大切です。

○ 二次利用の範囲を具体的かつ限定的に書こう

応募作品を二次利用するには、複製やインターネットでの送信などを著作権者である参加者に許可してもらう必要があります。そこで、二次利用したい範囲を具体的かつ限定的にまとめて、応募規約に「当社のウェブサイトやカタログ、イベントの掲示物などに使用させていただく可能性があります。ご応募者は、そのための写真の複製、送信を当社が行うことに同意したものとみなします。」といった内容を記載します。

複製などの権利を自社に認めるものとする、という意図で「応募作品の著作権は当社に帰属するものとします」と書かれる場合もあります。しかし、この記述だと権利の範囲が広すぎ、作品の著作権が完全に奪われてしまうと参加者に不安を与えることがあります。より限定的に書いたほうがいいでしょう。

あわせて免責事項も記しておきます。応募作品では他人の著作権などの権利を侵害しないこととし、権利侵害があっても自社は責任を負わない旨を明記します。

○ プロモーションガイドラインに則った記述も必要

キャンペーンの応募規約には、Instagram上でコンテストや懸賞などを行う場合に定められている「プロモーションガイドライン」を踏まえた記述も必要です。

プロモーションガイドラインの内容はシンプルですが、特に気をつけたいのは「キャンペーンをInstagramが後援・支持することはない」点と、参加要件についてです。前者に関しては、応募規約の中で「本キャンペーンはInstagramが関わるものではありません」という一文を加え、キャンペーンの参加者がInstagramに問い合わせをしないようにします。

後者に関しては、日本国内で行う場合は日本の法律が及ぶ日本在住者のみが対象である旨を明記しておきます。

次ページの 図表41-3 は、以上の内容を盛り込んだ投稿キャンペーンの応募規約の例です。参加資格と免責事項を記し、注意事項として、一般的な不正防止に関する内容と、Instagramとの関係、および二次利用に関する内容を記載しています。

▶ Instagram プロモーションガイドライン
https://www.facebook.com/help/instagram/179379842258600

企画の内容や二次利用を想定する範囲に応じて、規約の調整が必要です。なにに使用するか、参加者からなんの許可が必要かを書き出してまとめましょう。

▶ **応募規約の例** 図表41-3

応募規約

・ご応募は日本国在住者（登録住所が日本国内）の方に限ります。特典の換金および権利の譲渡はできません。

・ご応募の際のインターネット接続料および通信費はご自身のご負担になります。

・本キャンペーンへの参加は、応募者自らの判断と責任において行うものとし、応募に際して応募者になんらかの損害が生じた場合、当社の故意または重過失に起因するものを除きその責任を一切負いません。

・当社の個人情報の取り扱いについては、当社のプライバシーポリシーをご覧ください。

・やむを得ない事情により、特典の内容が変更になる場合があります。

注意事項

・指定の文言とハッシュタグのない投稿および同じ写真の複数投稿によるご応募は無効です。

・同一アカウント内または複数アカウントを作成して同じ内容の投稿をした場合は当選資格を失います。

・著作権、肖像権その他第三者の権利を侵害する写真、公序良俗に反する写真、他人のプライバシーを侵害する写真によるご応募は無効です。

・Instagram ではアカウントの投稿を "公開" にした状態で投稿してください。

・本キャンペーンは Instagram が支援、承認、運営、関与するものではありません。

・投稿写真内で肖像権等の第三者の権利侵害があった場合、当社は一切責任を負いません。

・ご応募いただいた写真は、キャンペーンの告知および当社商品「○○」の宣伝および販促のため、当社のウェブサイトやカタログ、イベントの掲示物などに使用させていただく可能性があります。ご応募者は、そのための写真の複製、送信を当社が行うことに同意したものとみなします。あらかじめご了承ください。

・ご応募いただいた写真の著作権は、ご応募者に帰属します。

・ご応募者は、被写体として画像に写っている方々、撮影場所等、ご応募画像や記載情報を、ウェブサイト、印刷物、その他の媒体に使用することにつき、承諾を得たうえでご投稿ください。当社では、ご応募者が被写体ご本人や撮影場所等の承諾を得ているものとみなし、ご応募画像や記載情報を任意かつ無償で使用させていただきます。

青文字：Instagram の公式ガイドラインを踏まえ、明記すべき項目
赤文字：二次利用を想定するにあたって、許可を取得しておきたい項目

Lesson 42 ［告知施策］
作例と複数回の告知で応募を集めよう

このレッスンのポイント

投稿キャンペーンを告知しただけで、すぐに応募作品が集まるわけではありません。使える手段をすべて動員し、序盤、中盤、終盤と分けた周到な告知プランを立て、投稿数を増やしましょう。

○ キャンペーン序盤には「作例」を用意する

投稿キャンペーンでは、開始時から終了間際までの告知施策も大事です。しかし、ただキャンペーンを告知するだけでは、なかなか応募作品は集まりません。特に投稿がまだないときに、最初に応募するのは心理的なハードルが高いものです。そこで、キャンペーンの序盤では作例となる作品を用意するようにします。特に効果的なのが、インフルエンサーに応募作品の投稿と告知を依頼する施策です。

予算などの関係で難しい場合は、知り合いに頼んで投稿してもらってもいいでしょう。

いくつか作品が投稿され、キャンペーンのハッシュタグで検索できると、様子見していたユーザーも投稿してくれるようになります。作例はできるだけ早く、キャンペーン開始から数日の間に投稿されるように手配するのがベストです。

▶ 作例がある場合とない場合　図表42-1

告知のみの場合

作品がないとイメージが湧かず、盛り上がりも感じられないため、応募しにくい

作例がある場合

最初の1、2作品が投稿されると応募に勢いがつく

● 中押し、ダメ押しで勢いをつける

応募作品が増えると、新規の作品が投稿されるペースも上がります。キャンペーン期間の真ん中あたりに中押し、締め切りの1週間前ごろにダメ押しとなる告知施策を用意しましょう。告知には自社アカウントやサイト、イベント、メールマガジンなど、使える手段をすべて使います。ダメ押しの段階で投稿数が目標に届いていない場合は、Instagram広告も利用してリーチを増やしましょう（図表42-2）。Instagram上の告知や広告では、インフルエンサーに投稿してもらった作例があれば、それを二次利用するのがベストです。求められている写真の雰囲気がひと目でわかり、ユーザーの関心を集められます。

▶ 全体のスケジュールの例 図表42-2

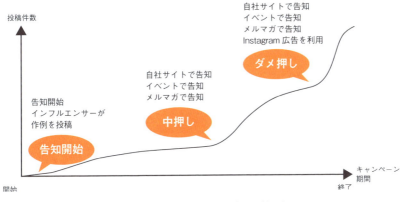

最初の告知だけでなく中押し、ダメ押しの告知施策を用意して勢いをつける

期待どおりに盛り上がらなかった場合も想定して、何重にも告知施策を考えておきましょう。

👍 ワンポイント　商品によっては懸賞サイトでの告知も効果的

認知のために投稿を増やしたい場合は、懸賞情報サイトで告知する方法もあります。懸賞目的の多様なユーザーが利用しているので、ターゲットの狭い商品だと、ターゲットでないユーザーの的はずれな応募が増えるおそれもあります。しかし、ターゲットの広い飲食物や日用品などのキャンペーンでは効果的で、商品を知ってもらうきっかけにもなります。

Lesson 43 ［目的別の評価］
設定した目的に応じてキャンペーンを評価しよう

このレッスンのポイント

投稿キャンペーンが無事に終わったら、結果を評価して次回以降の施策につなげましょう。はじめに設定したキャンペーンの目的に応じて、評価時に見るべき指標が変わってきます。

◯ 目的によって見るべき指標は異なる

仕掛けが大きく実施期間も長い投稿キャンペーンは、無事に終了したことでホッとして、十分な振り返りをしないままにしてしまうこともあります。しかし、2つの視点から結果の評価を行いましょう。1つは、次回以降の施策につなげるためのキャンペーンの評価です。もう1つは、同様の目的で同程度の予算をかけたインフルエンサー連携施策や広告と比べて高い成果か、そうでないかという評価です。キャンペーンの目的に応じた重要な指標を確認し、数値をまとめましょう。レッスン40でキャンペーンの4種類の目的を紹介しましたが、図表43-1 のように、目的ごとに見るべき指標は異なります。次ページ以降で、指標の調べ方と意味を詳しく解説していきます。

▶ 目的ごとの指標 図表43-1

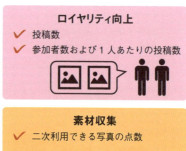

目的により見るべき指標は変わるため、施策ごとに把握しておく

● ハッシュタグの検索結果から投稿ごとの数値を集計する

投稿キャンペーンを評価するには、キャンペーン専用のハッシュタグで検索した結果を利用します。手動で行う場合、検索結果画面からひとつひとつの投稿を開き、いいねの数や投稿したユーザーのフォロワー数などを集計していきます。

100件以上の結果を追うのはかなりの手間ですが、**パソコンのブラウザーからInstagramのハッシュタグ検索ページにアクセス**すると、情報が見やすく、ブラウザーのタブの切り替えも利用できるため、集計が楽になります。

▶ パソコンでハッシュタグ検索を行った画面 図表43-2

検索結果にマウスポインターを合わせると、いいねとコメントの数が表示される

パソコンでInstagramのハッシュタグ検索ページから検索したところ

▶ Instagram ハッシュタグ検索
https://www.instagram.com/directory/hashtags/

● 認知の数は参加者ののベフォロワー数で概算する

認知拡大を目的とした場合の評価は、本来だとすべての投稿のリーチを合算するのが適切です。しかし、すべての参加者がビジネスプロフィールを利用してインサイトを共有してくれないと不可能なので、現実的ではありません。代替案として参加者のフォロワー数を調べ、合算します。

誤差はありますが、**1件の投稿はその投稿者のフォロワーと同数程度リーチするとみなして概算**しましょう。投稿が増えるほど、また、フォロワーの多い人が応募してくれるほど高い成果となります。

フォロワー数を確認するのは少し手間がかかりますが、認知拡大の評価は実にシンプルです。

○ ロイヤリティ向上の結果は投稿数と参加者数で見る

ロイヤリティ向上を目的とした場合は、「どれだけの人が参加してくれたか」を見ます。投稿数と参加者数（複数件の投稿も1人とみなす）を計算しましょう。投稿数はハッシュタグで検索すればすぐに見られるので、集計は簡単です。参加者1人あたりの投稿数が多い場合は、それだけロイヤリティが高くなったと捉えます。ロイヤリティ向上の成果には、テーマの設定が大きく影響します。キャプションを定性的に見て、どのような人が応募しているか、狙っていた層が参加していたかも確認しておくといいでしょう。

> 投稿を通して商品やブランドを知り、親しみをもってもらうことが狙いとなるため、リーチなどは副次的な結果と考えます。

○ ブランディングの成果はいいねとコメントの数で見る

ブランディングを目的とした場合は、すべての応募作品についていいねとコメントの数を合計します。商品やブランドの魅力が伝わった結果として、いいねされたとみなします。あわせて、コメントの数と定性的なコメントの内容を見ましょう。応募作品の表現とコメントの内容から、キャンペーンのテーマが適切で理想的な表現を引き出せたか、それにどのような反応があったかを確認できます。

> ただ見られる（リーチ）だけでなく、反響を得られることがブランディングでは大事です。

ワンポイント　キャンペーン運営を効率化するツール

投稿キャンペーンの運営を効率化できるツールも提供されています。スマートシェアの「OWNLY」では、キャンペーン特設ページ（キャンペーン用ハッシュタグがついた投稿をまとめたウェブページ）の作成やデータのレポーティングが可能です。シェアコトの「Tagplus」は、Instagram上で投稿したあとウェブ上のフォームから応募を受けつける形で、メールアドレスなど参加者の情報を収集・管理できます。自社が求める機能に合っているか、検討してみるといいでしょう。

▶ OWNLY
https://www.ownly.jp/

▶ Tagplus
https://tagplus.jp/

◯ 素材収集の成果はInstagram担当者が判断する

素材収集を目的とした場合、成果は二次利用できる作品がどれだけ集まったかで評価します。自社のInstagram担当者（自分）が主観により判断してOKですが、いい結果だった場合は、作品の投稿者のプロフィールを確認し、連絡を取る際にどのようにしてキャンペーンを知ったかを尋ねるようにしてください。

<mark>どのような人が、どの告知施策によってキャンペーンを知り応募したか</mark>を明らかにしておくことで、次回以降の施策の参考にできます。

> 今後、いい作品の応募者に新しい写真を発注するのもいいでしょう。

◯ 成果が出なかった場合のチェックポイント

期待したほど応募作品が集まらなかった場合や、意図したものとは違う作品が多かった場合など、思うような成果が出なかった場合には、どこに問題があったかを考察しましょう。 図表43-3 のように多くの要素がある中で、ひとつひとつを振り返ります。

一概にはいえませんが、広告による告知を行わなかった場合、200〜300件の投稿があれば十分な数だと考えていいでしょう。それよりも大幅に少なかった場合は、目的に対してハードルの設定が適切でなかったり、テーマが魅力的でなかったりしたかもしれません。

テーマがよくても、ハッシュタグが覚えにくかったり、字面がイマイチ（カッコよくない）といった理由が考えられるかもしれません。または、特典が魅力的に感じられなかったという可能性もあります。<mark>可能であればキャンペーン関係者以外の意見を聞きながら</mark>、問題点をチェックしてみましょう。

▶ キャンペーンの問題点チェックリスト 図表43-3

ハードル
- ✓ 目的に対して適切な高さだったか？

テーマ
- ✓ 目的につながるものだったか？
- ✓ 投稿したくなる魅力的なテーマだったか？
- ✓ 撮影が困難すぎなかったか？

ハッシュタグ
- ✓ 覚えやすかったか？
- ✓ 参加者がつけたいと思えるものだったか？

期間、告知
- ✓ 短すぎたり、長すぎたりしなかったか？
- ✓ 告知の量は十分だったか？
- ✓ 想定するターゲットに届いていたか？

特典、選出のルール
- ✓ 魅力的な特典を設定できていたか？
- ✓ 選考や抽選の方法に不透明な点や不公平感はなかったか？

質疑応答

Q 「フォロワー割引」って効果はありますか？

A 飲食店やホテルで行われる施策に、SNSのフォロワー数だけ金額を安くする「フォロワー割引」があります。一般的には1フォロワーにつき1円の値引きを行い、数万フォロワーがいるユーザーなら大幅な値引きになるということで、テレビなどで取り上げられることもあります。

結論からいうと、この施策は「運」の要素が大きいです。効果的だとも、まったく効果がないとも言い切れません。

たとえばホテルならば、空室を利用して影響力がある人を泊め、ホテルの魅力を発信してもらえます。さらに、最終的に情報が届く彼らのフォロワーには値引きをする必要がないため、低予算で大きな売り上げにつなげられる可能性があります。

ただし、来てくれる顧客を選ぶことはできないため、フォロワー割引を利用するユーザーのフォロワーが、本当に情報を届けたいターゲットであるとは限りません。旅行の情報を発信しているインフルエンサーなら効果を期待できそうですが、フォロワーは多くても影響力が弱く、ふだんホテルに関する情報発信もしていないユーザーだったら期待薄でしょう。

偶然いい人が来てくれればいいですが、そうとは限らないのが、この施策の難しいところです。

Chapter 6

Instagram広告を活用しよう

Instagram広告は、費用をかけて短期間で広い範囲のユーザーにリーチし、自社の情報を届けます。ターゲットの設定や効果的な表現、テストの方法など、成果が出せる運用のコツを解説します。

Lesson **44** ［Instagram広告の特徴］
Instagram広告の特徴を理解しよう

このレッスンの
ポイント

Instagram広告は、通常の投稿とほとんど変わらない見た目で表示されることが特徴です。フィードの中で違和感がないよう、通常の投稿を広い範囲に届けるようなイメージで運用するのがいいでしょう。

○ フィードやストーリーズに表示される広告

Instagram広告は、ユーザーのフィードへ通常の投稿の間に混ざった形で表示されます。図表44-1 はInstagram広告の例ですが、ユーザーネームの下に［広告］と表示されることと、ウェブページなどへ誘導するリンクが表示されること以外は、通常の投稿と変わりません。Instagram広告は、==通常のコンテンツの間にあっても違和感のないもの==にしたほうが受け入れられやすくなります。

▶ Instagram広告の例 図表44-1

出稿した企業（自社）のInstagramアカウントと［広告］の文字が表示される

ウェブページに誘導する広告では［詳しくはこちら］というリンクが表示され、タップするとウェブページが開く

○ 広告出稿などの操作はFacebookで行う

自社のInstagramアカウントをビジネスプロフィールに切り替えていると、Instagramアプリの投稿やプロフィール画面を表示したときに[宣伝する]というボタンが表示されます。ここからInstagram広告を出稿し、スマートフォンだけで簡易的に広告を運用することも可能です。しかし、詳細な設定やデータの確認ができないため、この方法はおすすめしません。本書では、Facebookの「広告マネージャ」を利用します。InstagramはFacebookが運営しているため、Facebook広告の出稿先の1つとしてInstagram広告を運用する形になります。

Instagram担当者は、広告の運用に必要になるので事前にFacebookのアカウントを作成しておきましょう。ビジネスプロフィールにしたInstagramアカウントの場合と違い、担当者の連絡先などが公開されることはありません。また、レッスン49であらためて解説しますが、広告を運用するには自社のFacebookページが必要です。まだない場合は、作成しておきましょう。

▶ 広告マネージャ 図表44-2

https://www.facebook.com/ads/manager/

Facebookアカウントでログインして、Instagram広告に関する操作を行う

Instagram広告と、第7章で解説するショッピング機能を使うにはFacebookページが必要です。

Lesson 45 ［広告の目的とターゲティング］
広告で重要な「目的」と「オーディエンス」を理解しよう

このレッスンの ポイント

Instagram広告には独自のルールや用語があり、最初に理解しておく必要があります。ここでは、中でも重要な広告の「目的」と「オーディエンス」という2つの要素について解説します。

最初に広告の「目的」を設定する

Instagram広告をFacebookの広告マネージャで作成するときには、最初に「目的」を設定する必要があります。広告の目的とは、図表45-1 のようにリーチを広げて商品の認知を高めたいのか、ECサイトに誘導して売り上げまでつなげたいのか、という施策の狙いです。Instagram広告では、最初に「目的」を決めないと、以降の作業ができません。

これから出稿する広告では、潜在層向けに認知や関心を得たいのか、それとも、顕在層に対して商品の購入を後押ししたいのかを、はっきりと決めておきましょう。

▶ 広告でなにをしたいか、目的を決める 図表45-1

リーチを広げて商品の認知を高めたい

ECサイトに誘導して商品を売りたい

担当者

「認知」を狙うのか「売り上げ」を狙うのか、目的を言語化しておく

漠然と広告を出すのでなく「見てもらう」か「アクションを求める」か、明確に設定することが大事です。

◯ 使いやすい目的は「リーチ」や「トラフィック」

広告マネージャで選択できる主な目的には、図表45-2 に示すものがあります。中でもよく使われるのは、潜在層向けに認知を狙う「リーチ」と、顕在層向けに誘導を狙う「トラフィック」です。リーチ目的の広告は 図表45-3 のように、通常の投稿とほぼ同じ見た目となります。

トラフィック目的の広告では、146ページで紹介したようなリンクを開くボタンが表示され、ECサイトの商品ページやホテルの予約ページなど、==購入に直接つながるページに誘導==できます。

▶ Instagram広告で設定する主な目的　図表45-2

対象	目的	内容
潜在層	ブランドの認知度アップ	商品名やサービス名を覚えてもらう（覚えてくれる可能性が高い人に向けて配信する）
	リーチ	広告を多くのユーザーに見てもらう（とにかくリーチが多くなるように配信する）
顕在層	トラフィック	ウェブページに誘導する
	アプリのインストール	アプリをインストールさせる
	エンゲージメント	広告のエンゲージメント（いいね）を増やす
	動画の再生数アップ	広告として配信する動画の再生数を増やす
	リード獲得	広告内のフォームでメールアドレスなどの入力を求め、セミナー受講者やメールマガジン購読者の形でリード（見込み顧客）を獲得する
	コンバージョン	ウェブページに誘導し、サイト上のコンバージョン（商品の購入、会員登録など）を達成する

▶ 目的により広告の見た目が変わる場合がある　図表45-3

リーチを目的とした広告では［詳しくはこちら］のようなリンクが表示されず、通常の投稿と同じようにいいねやコメントだけが表示される

リーチ目的の広告は、通常の投稿を広く拡散させるようなイメージで使います。印象に残る写真を選びましょう。

● 地域、年齢、性別などの属性でターゲットを選択できる

Instagram広告の「オーディエンス」(観客、視聴者の意味)とは、広告を配信するターゲットのことを指します。Instagram広告では、詳細なターゲティングができることが特徴です。

たとえば 図表45-4 のように、「東京都の18～50歳の男女」のような地域や年齢、性別によるターゲティングができるのは

もちろん、Facebookのアカウントに登録されたユーザー情報も利用して、==興味関心や交際(婚姻)状況などによるターゲティングも可能==です。「旅行に関心がある30～60歳の既婚男女」のように絞り込んで、旅行の広告を出すこともできます。利用できる条件は 図表45-5 の一覧を参照してください。

▶ ターゲティングの例 図表45-4

設定可能な条件を掛け合わせてターゲティングを行う

▶ ターゲティングの条件 図表45-5

条件	内容	詳細
地域	その地域に住んでいる人、または最近その地域にいた人	国や都道府県、市町村名、郵便番号で指定が可能。特定地点から半径○メートル以内といったピンポイントな指定もできる
年齢	指定した範囲内の年齢	13歳(Facebookに登録可能な年齢の下限)から64歳まで1歳刻みで年齢の範囲を指定。「65歳以上」はまとめて扱われる
性別	男性、女性、すべて	性別を限定して広告を配信したい場合に指定
言語	使用言語	地域で指定したときに、その地域で一般に使われていない言語の使用者をターゲットにしたい場合に指定。日本国内の英語使用者など
詳細ターゲット設定	詳細な属性をキーワードとして入力	利用者層(学歴、交際状況、子どもの有無など)、趣味・関心(興味があるテーマ)、行動(Facebook上の行動や旅行など)からターゲットにする特徴を指定
つながり	自社のFacebookページやアプリとの関係	Facebookページにいいねした、自社のアプリを使用した、といった行為を条件にユーザーを抽出
カスタムオーディエンス	既存の顧客リストなどを利用	顧客のメールアドレス一覧とFacebookに登録されたメールアドレスを照合して「既存顧客」に送信するなど、既存のデータを利用したターゲティングが可能

ターゲットは最初から絞り込みすぎないようにしよう

詳細なターゲティングが可能なInstagram広告ですが、原則として、ターゲットを絞り込みすぎないように注意してください。「30代女性で、東京都内在住で、独身で……」と商品のターゲット像を具体的に設定している場合もあると思いますが、20代や40代、都内在住者以外でも購入すると考えられるなら、できるだけ広めにターゲットを設定しましょう。

ターゲットを絞りすぎると配信の対象となるユーザーが減って、広告がリーチする人数も、目的を達成できた人数も少なくなってしまいます。Instagram広告の配信システムは、広告を配信した結果を反映して最適なユーザーを見極めて配信していくようになっています。しかし、==目的を達成した人数が少ないと最適なユーザーを見極められず、いつまでも効果的な配信ができません。==

ターゲットは広めに、明らかに顧客にならない属性を除外（たとえば女性向けの商品なら男性を除外するなど）したうえで、それ以上の条件は絞り込みすぎないようにしましょう。

▶ ターゲットが狭すぎると効率的に配信できない 図表45-6

ターゲットが広い場合

多くのターゲットに配信できるため目的の達成数が多く、結果を反映して効果的な配信ができる

ターゲット
4人が目的を達成

ターゲットが狭い場合

配信できるターゲットが少ないため目的の達成数も少なく、効果的な配信が難しい

ターゲット
1人が目的を達成

十分なリーチを確保できるように、ターゲットは絞り込みすぎないでおく

ターゲットを絞り込みすぎると、そもそも広告が十分に配信されないおそれがあります。広めに設定しましょう。

Lesson
46 [Facebookページの準備]

広告の管理に必要なFacebookページを設定しよう

このレッスンのポイント

Instagram広告を出稿する前に、必要な設定を済ませておきましょう。自社のFacebookページとInstagramアカウントを関連づけることで、自社アカウントから広告を配信できるようになります。

○ Instagram担当者をFacebookページの管理者にしておく

自社のFacebookページとInstagramアカウントを関連づけることで、Instagram広告の配信時に自社アカウントを利用できるようになります。広告の配信を始める前に、必ず設定しておきましょう。

この設定はFacebookページの管理者権限をもつユーザーでないと行えません。広告の配信のためにも管理者権限が必要になるので、まずは以下の手順で、Instagram担当者のFacebookアカウントを自社のFacebookページの管理者に追加しましょう。自社にFacebookページの管理者が別にいるなら、この設定を依頼する形になります。

1 Facebookページの管理者を追加する

1 Facebookページの[設定]画面で[ページの役割]をクリックします。

2 管理者にしたいユーザーのメールアドレスを入力します。

3 [編集者]をクリックして[管理者]を選択します。

4 [追加する]をクリックします。

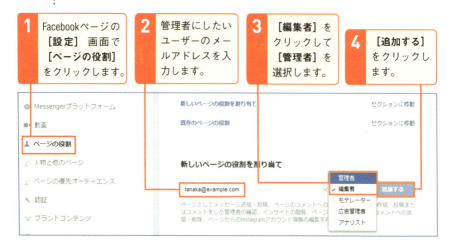

152

○ FacebookページにInstagramアカウントを関連づける

FacebookページとInstagramアカウントを関連づけるには、**Facebookページの設定画面から、Instagramアカウントにログイン**します。以下の手順のように操作して、ログイン後の［Instagramアカウント情報］に自社アカウントが表示されることを確認しましょう。

1 Instagramアカウントを関連づける

1 Facebookページの［**設定**］画面で［**Instagram**］をクリックします。

2 ［**ログイン**］をクリックします。

3 Instagramのユーザーネームとパスワードを入力します。

4 ［**ログイン**］をクリックします。

FacebookページにInstagramアカウントが関連づけられました。

Instagram広告を使うために必要な設定です。出稿の前に済ませておきましょう。

153

Lesson **47** ［広告のルール、ポリシー］

Instagram広告のルールと禁止事項を知っておこう

Chapter 6　Instagram広告を活用しよう

このレッスンのポイント

Instagram広告では、写真の上に載せるテキストの量などのルールが決まっています。知らずに広告を制作すると配信されなくなってしまう場合があるので、あらかじめ確認しておきましょう。

◯ 写真に文字を載せないほうがリーチは増える

Instagram広告では、広告の対象にできる商品の種類、広告の内容などのルールが定められています。多くは常識的なものですが、もっとも注意しておきたいのが「画像内テキスト」のルールです。

広告の写真に「○○フェア」「新発売」のような文字を入れる場合、==文字が写真の面積中の大きな比率を占めているとリーチが減ってしまい、あまりに多すぎると==配信されなくなります。画像内テキストの評価は 図表47-1 の「テキストオーバーレイツール」で確認できます。

写真の上に文字がない場合のリーチが一番大きくなるとされるので、特に事情がなければ文字を入れないようにしたほうがいいでしょう。なお、写真に写っている商品のロゴや書籍のタイトルなどは、ここでいう文字には含まれません。

▶ テキストオーバーレイツール 図表47-1

https://www.facebook.com/ads/tools/text_overlay

［アップロード］をクリックして広告用の写真をアップロードする

写真に含まれるテキストの量を読み取り、評価が表示される

広告には使えない表現に注意

画像内テキスト以外のルールでは、キャプションの長さや広告の表現、広告を利用できる商品などのルールが定められています。

キャプションは最大2,200文字まで入力できます。しかし、現実的にそこまで使うことはないでしょう。意外とミスしてしまいそうな表現としては、ダイエット商品の効果を「期待できない」レベルにまで誇張したり、「使用前／使用後」を含む写真にしたりすることが挙げられます。広告の表現に関する詳細なルールは「Facebook広告ポリシー」にまとまっているので、確認しておきましょう。

▶ Facebook広告ポリシー
https://www.facebook.com/policies/ads/

▶ 広告の主な注意点 図表47-2

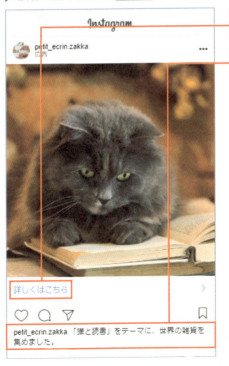

リンク先のウェブページは Instagram 外の正しく機能しているページにする

キャプションは最大で 2,200 文字までにする

「誤解を招くようなコンテンツ」、「使用前／使用後」を含む画像などの表現は禁止されている

どのような業種でも、Facebook 広告ポリシーにはいちど目を通しておきましょう。

Lesson [効果的なクリエイティブ]

48 Instagram広告で効果的なクリエイティブを理解しよう

Chapter 6 Instagram広告を活用しよう

このレッスンのポイント

広告のクリエイティブ（写真）は、どんなものが効果的だと思いますか？ プロが撮った写真より、一般のユーザーが撮った写真のほうがいい反響を得られる場合があります。効果的な表現のポイントを覚えましょう。

○ クオリティが高ければいいとは限らない

広告のクリエイティブ（写真や文字などの素材）というと、高画質の写真、気の利いたキャッチコピー、適切な視線誘導のできるレイアウトが重要、というのが一般的な考えです。しかしInstagram広告では、ユーザーが普通に撮ったようなシンプルな写真のほうが反響を得られ、効果的な傾向があります。

クオリティが高すぎる写真や、キャッチコピーが入っているなどのいかにも「広告」的なクリエイティブは敬遠され、ユーザー目線で撮られた写真のほうが、共感を得やすいと考えられます。図表48-1は、Instagram広告で常に意識したい「効果的なクリエイティブの3カ条」です。これに沿って考えると、次ページの図表48-2のような2つのクリエイティブでは、ジュースをただシンプルに撮った写真のほうが、いかにも広告的な写真よりも共感を得られて効果的だと予想できます。

▶ 効果的なクリエイティブの3カ条 図表48-1

1	2	3
ユーザー目線	効果が実感できる	生活感がある
あまり作り込まれていない、顧客の視点に立った目線の写真	商品の購入後に得られるメリットや体験を想像しやすい写真	生活の一場面を切り取ったような、Instagramのフィードになじむ写真

作り込まれたクリエイティブは、ひと目で「あっ、これは広告だ」とわかってしまうため、響かない場合があります。

156

▶ 広告的なクリエイティブとユーザー目線の写真の比較 図表48-2

広告的なクリエイティブ **ユーザー目線の写真**

・企業視点のアピール
・効能や商品の特徴を表すキャッチコピーが写真の上に載っている

・ユーザー目線の自然な写真
・新鮮な野菜ジュースをシンプルに見せている

○ インスタグラマーやキャンペーンの写真を使う場合も

ユーザー目線のクリエイティブのほうがいい反響となる傾向は、食品や衣料など単価の低い商品や、アパレル、ファッション、コスメなどユーザーの口コミ情報が購入を検討するときに重要になる商品で、顕著に見られます。
このような効果に気づいた企業では、ユーザー目線で撮られた写真の入手に力を入れ、インスタグラマーに撮影を依頼して広告に使ったり、投稿キャンペーンの応募作品を使ったりする事例が増えています。投稿キャンペーンは2～3カ月単位で時間のかかる施策ですが、商品がよく売れる季節やセールのタイミングに間に合うように企画して、クリエイティブの入手が間に合うようにします。

自然な写真、フィードになじむ写真を入手するためにも、投稿キャンペーンは効果的です。

Lesson 49 ［広告の設計］
目的や予算などを決めて広告を設計しよう

このレッスンのポイント

ここからは、広告を実際に出稿する作業について解説します。まず、Instagram広告のシステムに合わせて「キャンペーン」や「広告セット」を設計しましょう。次のレッスンで出稿の操作をするために、それぞれの仕様をまとめておきます。

● 3つの階層で広告を設計

ここでは広告の目的や掲載期間、予算、クリエイティブなどの仕様をまとめて、次のレッスンで、実際に広告マネージャを使って出稿の作業ができるようにします。Instagram広告はFacebook広告と同じシステムで作成しますが、Facebook広告では 図表49-1 のように「キャンペーン」「広告セット」「広告」という3段階で広告を管理することが特徴です。キャンペーンは広告の目的を設定し、広告セットは期間や予算などの具体的な出稿方法、広告はクリエイティブと、階層ごとに細かな内容を決めていきます。

また、1つのキャンペーンに複数の広告セット、1つの広告セットに複数の広告のように、下の階層には複数の項目を作成可能です。通常は1つずつでかまいませんが、1つの目的に対して2通りの方法で出稿したい場合は、1つのキャンペーンに2つの広告セットを作成します。

▶ Instagram広告のシステム 図表49-1

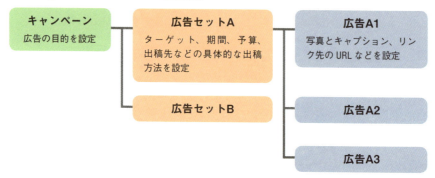

Facebook広告は「キャンペーン」「広告セット」「広告」という3段階で広告を管理しており、上位の項目の中に下位の項目を複数作成できる

◯「キャンペーン」で広告の目的を決める

第1の階層「キャンペーン」では、広告の目的を決めます。目的について詳しくはレッスン45を参照してください。

潜在層向けに新商品や新ブランドの認知を獲得したい場合や、自社アカウントを知ってもらいフォロワーを増やしたい場合には、「リーチ」が適しています。多くのユーザーに投稿を露出して、見てもらいましょう。広告が気に入られればフォロワーを増やすこともできます。

顕在層向けに商品の購入を後押ししたい場合には、「トラフィック」でECサイトのページや、商品の情報があるウェブページに誘導します。投稿キャンペーンの告知を行う場合も「トラフィック」を目的として告知ページに誘導しましょう。

「新商品の認知」「セールに合わせた販促」のように、目的ごとにキャンペーンを作りましょう。

◯「広告セット」でターゲットと予算、期間を決める

第2の階層「広告セット」で決める主な項目は、ターゲット、掲載期間、予算の3つです。出稿先も決める必要がありますが、本書ではFacebookなどではなくInstagramへの出稿で決定していると考えます。

ターゲットの考え方は、レッスン45を参照してください。特別に必要がなければ細かく絞り込みすぎないほうがいいでしょう。顧客の年代や性別が限定される場合や、店舗の宣伝が有効な近隣地域に絞り込みたい場合に利用します。

掲載期間は開始日と終了日、予算は1日あたりの金額として決めておきます。広告マネージャでは、目的を設定すると1日あたりの予算の目安が表示されます。たとえば「リーチ」では500円、「トラフィック」では2,000円と表示されますが、この金額は下回らないように予算を設定するほうがいいでしょう。

同じ目的で異なる2種類のターゲットに広告を出して成果を比較したい場合などでは、広告セットを複数作ります。

◯「広告」はクリエイティブ1つごとに作る

第3の階層「広告」では、広告に使う写真、キャプション、リンク先のウェブページ（「ランディングページ」とも呼びます）のURLを決めます。

広告マネージャでは写真をアップロードするだけなので、設計の段階で写真はパソコンに用意して、加工も済ませておきましょう。キャプションとランディングページのURLも、広告マネージャにコピー＆貼り付けで入力できるように作っておきます。

> クリエイティブは2つ以上を用意しておくと、効果を比較してよりよいものを選べます。

👍ワンポイント　フィードとストーリーズにまとめて出稿できる

広告マネージャから作成した広告は、Instagramのフィードとストーリーズの両方に同時に出稿できます。このとき、出稿先によって 図表49-2 のように表示が自動的に変わります。

▶ フィードとストーリーズの広告の比較　図表49-2

フィードの広告

同じ写真とキャプション、リンク先でも出稿先によって広告の表示が変わる。ストーリーズは縦長なので、別の写真を使ったほうが効果的になる

ストーリーズの広告

◯ 設計した仕様をまとめておこう

設計した広告の仕様を、図表49-3 のようにまとめておきましょう。次のレッスン50で行う広告マネージャの操作は長い作業になるので、あらかじめ必要な項目をまとめておくことが大事です。

ここではキャンペーン、広告セット、広告を1つずつ作っていますが、「いかにも広告らしい写真と、ユーザーが撮影したような写真の両方で広告を出してみて、結果を比べたい」という場合には、広告を2つ作れば、両方を配信できます。

また「男性向けと女性向けで別々の写真を使いたい」というような場合は、==ターゲットを変えた2つの広告セットを作り、その中にそれぞれ1つずつ広告を作りましょう。==

▶ 設計した広告の仕様の例 図表49-3

キャンペーン	目的：トラフィック 「猫と読書」フェアの販促のため、ECサイトの誘導を増やしたい

広告セット	期間 7月8日から21日まで	予算 1日あたり2,000円
	ターゲット 日本全国の18〜60歳の男女	出稿先 Instagramのフィード

広告	写真 読書する猫の写真を使う	キャプション 「猫と読書」をテーマに、世界の雑貨を集めました。
		ランディングページ https://ecrin.example.com

> 次のレッスンで実際に出稿の操作をします。これらを文書にまとめておくと楽にできますよ。

Lesson [広告マネージャによる出稿]

50 広告マネージャを使って実際に広告を作成しよう

このレッスンのポイント

Facebookの広告マネージャを利用して、Instagram広告を実際に出稿します。操作が長めですが、前のレッスンで設計した仕様にもとづいて、必要な情報を順に入力していきましょう。

◯ 最初は「ガイドツール」を使うのがおすすめ

いよいよ、実際に広告を作成します。前のレッスンで設計した仕様にもとづいて、広告マネージャで作業しましょう。広告を作成するには「ガイドツール」と「クイック作成」という2種類のツールが利用できますが、ここでは、必要な操作を順に行えてわかりやすいガイドツールを利用します。

ガイドツールでは、キャンペーン、広告セット、広告を順番に作成していきます。かなり手順が長くなりますが、あせらずに進めましょう。

1 広告の作成を開始する

1 Facebookの広告マネージャにログインし、[作成する]をクリックします。

▶Facebook広告マネージャ
https://www.facebook.com/ads/manager/

👍 **ワンポイント　途中で作業を中断したときは**

広告マネージャのウィンドウを閉じるなどして作業を中断した場合は、次に広告マネージャで[作成する]をクリックしたときに、[前回の編集内容]画面が表示されます。これは前回に中断したときの作業内容を保存していて、作業を継続するか確認するものです。[次へ]をクリックすると継続できます。[最初に戻る]をクリックすると、最初からやり直せます。

2 ガイドツールを選択する

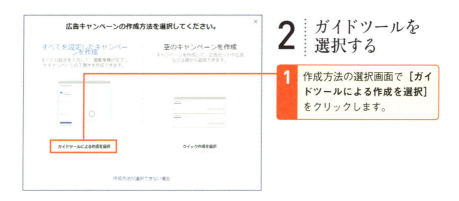

1 作成方法の選択画面で[**ガイドツールによる作成を選択**]をクリックします。

3 キャンペーンを作成する

1 [マーケティングの目的は?]で[**トラフィック**]をクリックします。

2 広告キャンペーン名を入力します。

3 [**次へ**]をクリックします。

キャンペーンの作成を完了します。

「キャンペーン」の作成では、目的(ここでは[トラフィック])を決めることが重要です。キャンペーン名は自分の識別用なので、適当でかまいません。次ページでは広告セットを作成します。

4 広告セットのターゲットを設定する

1 広告セット名を入力します。　**2** [トラフィック] の [ウェブサイト] をクリックします。

[オーディエンス]の地域は日本、性別は男女に最初から設定されているため、年齢を18〜60歳とする設定だけを行います。

3 年齢の [18] と [60] を選択します。

引き続き広告セットの出稿先、予算、掲載期間を設定していきます。画面を下にスクロールして、次ページを参照してください。

5 広告セットの出稿先、予算、期間を設定する

1 [配置を編集] をクリックします。

2 [プラットフォーム] で [Instagram]の [フィード] 以外のチェックマークをはずします。

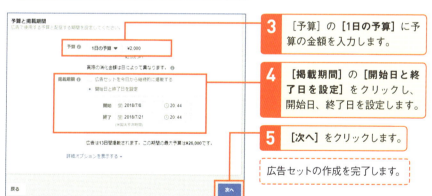

3 [予算] の [1日の予算] に予算の金額を入力します。

4 [掲載期間] の [開始日と終了日を設定] をクリックし、開始日、終了日を設定します。

5 [次へ] をクリックします。

広告セットの作成を完了します。

一番複雑な広告セットの作成は以上で完了です。次ページでは広告を作成します。

6 広告を設定する

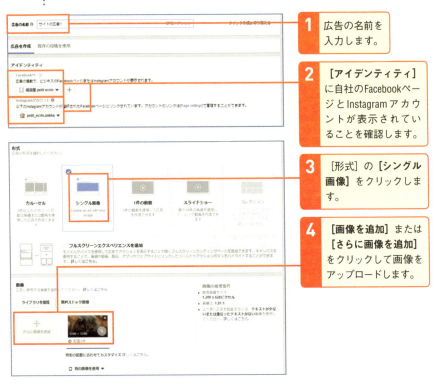

1 広告の名前を入力します。

2 [アイデンティティ] に自社のFacebookページとInstagramアカウントが表示されていることを確認します。

3 [形式] の [シングル画像] をクリックします。

4 [画像を追加] または [さらに画像を追加] をクリックして画像をアップロードします。

5 [テキスト] にキャプションを入力します。

6 [ウェブサイトのURL] にランディングページのURLを入力します。

7 [実行する] をクリックします。

広告の作成を完了し、広告マネージャの画面に戻ります。

◯ 広告料金の支払い設定をすると配信が始まる

前ページまでで解説した広告の作成が完了すると、作成した広告は「審査中」の状態になります。まだ広告料金の支払いのための設定が済んでいない場合は、引き続き以下の手順で支払い設定を行ってください。支払いにはクレジットカードのほか、クレジット機能つきのデビットカードと電子決済サービス「PayPal」が利用できます。

設定が完了し、審査も完了すると、広告の配信が始まります。審査は早ければ30分程度で完了します。

1 支払いの設定をする

1 広告マネージャで[設定]ボタンをクリックします。

2 [支払い設定]をクリックします。

3 [支払い方法]の[支払い方法を追加]をクリックしてクレジットカードなどの情報を入力します。

これで、広告の作成および料金支払いの設定はすべて完了です。審査が行われたあと、広告の配信が開始されます。

Lesson [広告の評価と改善]

51 広告のパフォーマンスを確認し、改善しよう

このレッスンのポイント

広告の配信が始まると、広告マネージャでキャンペーンや広告セットごとにパフォーマンス（成果）を確認できます。重要な指標を確認し、より高いパフォーマンスが出せるように設定の見直しを行いましょう。

○「結果」や「単価」に注目して評価する

広告マネージャでは、配信中の広告のパフォーマンスを確認したり、設定を編集したりできます。
パフォーマンスも「キャンペーン」「広告セット」「広告」の階層別に確認できますが、特に注目したいのが、広告ごとの「結果」（目的を達成した数）や「リーチ」、および目標達成1回あたりの「単価」と、全体の「消化金額」です（図表51-1）。どれだけ予算を消化し、目標の達成につながったか、結果あたりの単価がいくらだったかを見ておきましょう。

▶ トラフィックを目的とした広告のパフォーマンスの例　図表51-1

広告マネージャの［広告］タブをクリックし、広告のパフォーマンスを確認する

○ リーチ目的ではターゲットの拡大が改善につながる

リーチを目的とした広告でパフォーマンスを改善するには、一般にターゲットの設定を広げることが効果的です。配信の候補が増えれば、低コストで多数の配信が可能になります。

以下の手順で広告セットの編集を行い、地域、年齢、またはその他の属性など、広げて設定できる条件を編集しましょう。==リーチの増加ペースが上がり、単価が下がるようであれば成功==です。

1 広告セットを編集する

1 広告マネージャの[**広告セット**]タブをクリックします。

2 編集したい広告セットにチェックマークをつけます。

3 [**編集**]をクリックします。

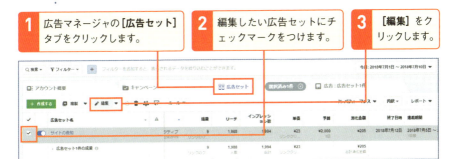

2 ターゲットの設定を変更する

広告セットの編集画面が表示されました。

1 ターゲットの設定を編集します。

2 [**公開する**]をクリックして変更を完了します。

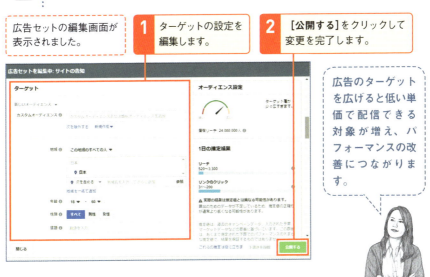

広告のターゲットを広げると低い単価で配信できる対象が増え、パフォーマンスの改善につながります。

○ トラフィック目的ではクリエイティブの変更が効果的

トラフィックを目的とした広告を改善するには、よりリアクション（タップ）を促せるように、クリエイティブを変えることが効果的です。
写真を簡単に変えることが難しい場合は、まずはキャプションを書き換えてみましょう。以下の手順のように操作して、広告の編集画面を表示します。==結果が上がり、単価が下がれば成功==です。変化がない場合は写真を変えてみましょう。

1 広告を編集する

1 広告マネージャの[広告]タブをクリックします。
2 編集したい広告にチェックマークをつけます。
3 [編集]をクリックします。

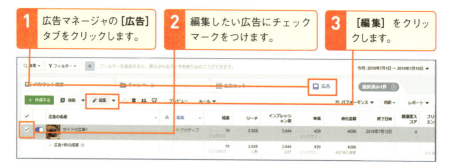

2 キャプションなどを変更する

広告の編集画面が表示されました。
1 キャプション（[テキスト]）を編集します。
2 [公開する]をクリックして変更を完了します。

◯ 時間帯や年代ごとのレポートも確認できる

広告マネージャでは、ターゲットを細分化した結果の比較や時間帯ごとの結果の分布など、詳細なレポートを表示できます。たとえば以下の手順のように操作することで、年齢・性別ごとのパフォーマンスを表示し、**どの年代・性別の反響がいいかを確認**できます。レポートの内容を確認し、次の広告のターゲット設定やクリエイティブの参考にしましょう。

1 時間帯ごとのレポートを表示する

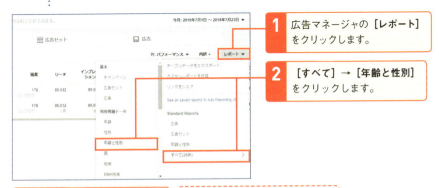

1. 広告マネージャの[レポート]をクリックします。
2. [すべて]→[年齢と性別]をクリックします。

3. [広告]にチェックマークをつけます。

1時間ごとの時間帯別クリック数のレポートが表示されました。

特定の年代や性別の結果が特にいい場合は、そのターゲットに集中して配信することで、パフォーマンスを上げられる場合があります。

Lesson [A/Bテスト]

52 A/Bテストで広告を配信しながら比較しよう

このレッスンのポイント

「A/Bテスト」は、ある条件をAとBの2パターンに変えて実際に運用し、結果を比較するテストです。考えるだけではわからない条件を実際に試し、結果から最良の方法を選択できます。

○ 広告配信の詳細なテストを自動化できる

広告を作成するときに、2枚の写真のどちらがいいか、決められないことがあります。多くの場合、過去のデータから仮説を立てることはできても、実際に試してみないと仮説のとおりになるかはわかりません。そのようなときはA/Bテストを行い、実際に両方を配信して結果を比べてみるのが一番正確です。
A/Bテストとは、「変数」と呼ばれる条件をA、Bの2パターンに変え、それ以外の条件はそろえたうえで、結果を比較するテストです。たとえば 図表52-1 では、明るい写真と暗い写真を使った広告を配信し、それぞれのパフォーマンスを比較しています。
小規模なテストを繰り返し、実際のデータを見ながら最善の手を選んでいけるのが、A/Bテストの利点です。

▶ A/Bテストの例 図表52-1

	条件 A	条件 B
「変数」となる条件を変えた2つの広告を設定	明るい写真を使用 	暗い写真を使用
↓	↓	↓
一定期間広告を配信し、パフォーマンスを比較	結果 30 リーチ 2,000 単価 ¥200	結果 50 リーチ 4,000 単価 ¥120

2つの条件で実際に広告を配信してパフォーマンスを比較することで、どちらが効果的だったかがわかる

● 比較したい項目を「変数」として設定する

A/Bテストは、担当者の主観ではなく事実（データ）にもとづいた判断が可能になることから、ウェブ制作や広告の運用などの現場でよく利用されています。有効なA/Bテストを行うにはツールの用意が必要ですが、Instagram広告では、<mark>広告マネージャを利用してキャンペーンの作成時にA/Bテストをオンにするだけで実施できます</mark>。しかも、標準では4日間テストするだけで信頼性のあるデータが得られるため、気軽に試せます。

A/Bテストで重要なことの1つに、A、Bそれぞれの条件をなんとなく決めるのではなく、「この条件なら、こうなるだろう」という仮説をもって設定することがあります。仮説を立てて比較する意味がある条件を考えるのは意外と難しいですが、Instagram広告では、設定できる変数が 図表52-2 の4つ、たいていの場合は「クリエイティブ」と「ターゲット」の2つに限られます。変数が絞られることで、条件を考えやすくなるでしょう。次ページでは広告マネージャでの操作方法を解説します。

▶ A/Bテストで設定できる変数 図表52-2

変数	内容
クリエイティブ	画像やキャプションを変えて比較
配信の最適化	最適化する対象（クリック、インプレッションなど）を変えて比較
ターゲット	ターゲットの設定を変えて比較
配置	出稿先（フィード、ストーリーズなど）を変えて比較

試行錯誤中のクリエイティブやターゲット設定をA/Bテストで比較すれば、結果が短期間でわかります。

👍 ワンポイント　配信の最適化とは？

Instagram広告の配信システムは、ある基準に対して最良の結果を出せるように自動的に配信の方法を調整する「最適化」を行います。通常はトラフィック目的なら「リンクのクリック」のように広告の目的と合致した基準が設定されていますが、インプレッション数（見られた数）など別の基準に設定可能です。通常はあまり変更しない項目ですが、A/Bテストの変数にすることで成果に差が出るかを検証できます。

◯ 変数に応じて2つの広告セットや広告を作成

広告マネージャでA/Bテストを作成するには、キャンペーンの目的を選択したあとで、[A/Bテストを作成]をオンにします。すると、キャンペーンの作成後に条件Aの広告セットの作成が始まり、変数を選択する項目が表示されます。
以下の手順では変数に[クリエイティブ]を選択したので、広告セットでターゲットや出稿先、A/Bテストの予算や期間を設定したあとで、広告A、広告Bをそれぞれ作ります。
変数に[ターゲット]を設定した場合は、広告セットの設定時に広告セットA、Bそれぞれのターゲットを設定します。

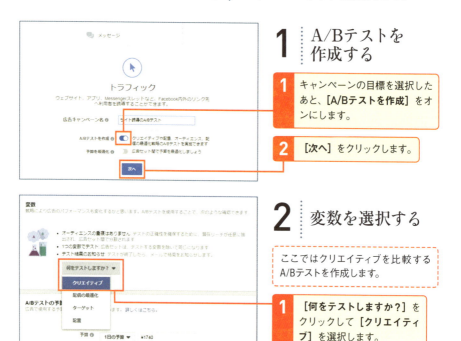

1　A/Bテストを作成する

1. キャンペーンの目標を選択したあと、[A/Bテストを作成]をオンにします。
2. [次へ]をクリックします。

2　変数を選択する

ここではクリエイティブを比較するA/Bテストを作成します。

1. [何をテストしますか?]をクリックして[クリエイティブ]を選択します。

続けてターゲットや出稿先を設定します。

3 金額や期間を設定する

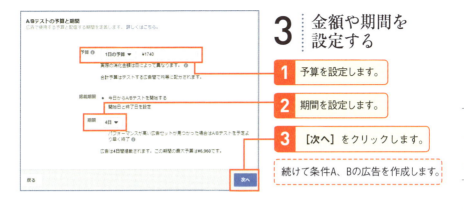

1 予算を設定します。

2 期間を設定します。

3 ［次へ］をクリックします。

続けて条件A、Bの広告を作成します。

○ A/Bテストを繰り返してパフォーマンスを高めよう

A/Bテストの期間が完了したら、パフォーマンスを確認します。このときメールでもレポートが届き、テストの信頼性を表す「このテストを再度実行した場合に、同じ高さのパフォーマンスを得られる確率」が通知されるので、この数字に注目してください。信頼性が高く、70%以上あるようなら、意味のあるA/Bテストだったと考えられます。信頼性が低い場合は偶然の結果である可能性が高く、改善の参考にはなりません。

信頼性の高い結果が出たら、成果のよかったほうをアレンジした2パターンを作り、さらにA/Bテストを行いましょう。クリエイティブのA/Bテストを繰り返していくことで、より高いパフォーマンスを出せる表現を見つけ出し、ノウハウを蓄積できます。

パフォーマンスの高い広告をアレンジしてA/Bテストを繰り返し、さらにパフォーマンスを高めましょう。

質疑応答

Q Instagramの流行はいつまで続きますか？
次に来るSNSはなんですか？

A これは、私がセミナーなどで登壇するたびに聞かれる質問です。皆さんが「Instagramマーケティングに力を入れていく」と決めるにあたって、気になる問題なのだなと感じています。

私の回答は「もはやInstagramは流行ではなくインフラと呼べるユーザー規模や利用頻度をもっており、この先2、3年で利用が激減するようなことは考えにくい」です。スマートフォンやSNSの使われ方は今後も変わっていくと思いますが、Instagramもユーザーの変化を敏感に捉え、すばやく対応していくでしょう。

Instagramのライバルといえば、同じ写真共有サービスである「Snapchat」の名前がよく挙がります。しかし、日本ではSnapchatの上陸が遅れている間にInstagramがSnapchatの代替機能をほぼ実装しまい、あまり浸透していない印象です。

私がInstagram以外で注目しているSNSは「Pinterest」です。Pinterestも写真共有サービスに分類されますが、自分で撮影するのではなくウェブ上の写真を検索・収集するのが主で、ひたすら自分の好きな写真を集めていく使い方は、写真を通じてコミュニケーションするInstagramとは対照的な特徴をもちます。これから両者がうまく棲み分け、使い分けられていく未来像もあるのではと考えています。

Chapter 7

ショッピング機能で ECサイトに誘導しよう

Instagramの投稿からECサイトへ誘導できるショッピング機能は、Instagramのビジネス利用を大きく発展させる可能性をもちます。機能の全体像と、簡単な設定方法を解説します。

Lesson 53 ［ショッピング機能の概要］
ショッピング機能のしくみと必要な環境を把握しよう

このレッスンのポイント

ショッピング機能は第1章などでも紹介しましたが、ここでは機能のしくみを見ていきましょう。InstagramアカウントとFacebookページ、ECサイトを関連づけることで機能が実現します。

○ InstagramとECサイトをFacebookが結ぶ

ショッピング機能が登場するまでのInstagramでは、ユーザーの購買意欲が高まっても、購入まで誘導するのは困難でした。Instagram広告を使うか、自社アカウントのプロフィールからECサイトにアクセスして、商品を検索してもらうなど遠回りな手段しかなかったのです。

しかし、ショッピング機能では企業のInstagram担当者が投稿する写真に商品をタグ付け（レッスン56を参照）してECサイトの商品と関連づけることで、ユーザーを従来よりもずっと簡単に購入まで誘導できます。図表53-1のように、ユーザーは写真に写った商品をタップすることで、すぐにECサイトの商品ページで購入できるようになります。

この機能は、自社のInstagramアカウントとFacebookページ、そしてECサイトを関連づけることで実現します。次ページから詳しい実現の方法を解説します。

▶ Instagramのショッピング機能のしくみ　図表53-1

担当者

写真の商品をタグ付けすると、ECサイトの商品と関連づけられる

ユーザー　投稿
写真に写った商品をタップし、ECサイトにアクセスする

ECサイト
ECサイトの商品ページで購入できる

商品をタグ付けした投稿から、ユーザーはすぐにECサイトへアクセスして購入できるようになる

● 商品情報の登録が利用のハードルに

ショッピング機能の利用にあたり、サービスの利用料や決済手数料はかかりません。利用の条件としては、ECサイトとFacebookページを関連づけて商品情報を登録することと、Facebookのコマースポリシーに準拠していることがあります。

このうち、商品情報の登録が技術的に難しく、利用のうえでは高いハードルになります。自社でECサイトを運営している場合は、エンジニアに依頼して登録を行いましょう。このときFacebookが提供している「Facebookピクセル」をインストールすると、商品の情報（価格や在庫など）をFacebookページが自動的に収集できるようになって便利です。Facebookピクセルについては、以下のワンポイントも参照してください。

これからECサイトを運営するなら、ショッピング機能に対応したECサイト開設サービスを利用するのもいい方法です。具体的なサービスはレッスン54で紹介するので、参考にしてください。

また、Facebookのコマースポリシーでは利用を禁止（宣伝のための投稿を禁止）している商品があるため、自社の商品が該当しないかチェックしておいてください。アルコール飲料やペットの生体販売などがNGとされるほか、意外と誤解しそうなところでは、美容院やエステ、ホテルなどのサービス、ダウンロード型およびサブスクリプション（月額契約）型のデジタルコンテンツなどもNGです。

▶ Facebookコマースポリシー
https://www.facebook.com/policies/commerce

Instagramのショッピング機能をきっかけに、自社でECサイトを始めるのもいい選択です。必要な準備作業は、次のレッスンで解説します。

👍 ワンポイント Facebookピクセルとは

Facebookピクセルとは、Facebookがウェブサイト上のデータやウェブサイトにアクセスしたユーザーの行動データを把握するための機能です。自社のウェブサイトにインストールすることで、Facebook広告やInstagramのショッピング機能などと連動して、データを収集します。

ウェブサイトにFacebookピクセルをインストールするには、すべてのウェブページに所定のタグ（HTMLのタグ）を組み込む作業が必要になります。そのため、通常はエンジニアに依頼しての作業が必要です。

Lesson [ショッピング機能の準備]

54 ショッピング機能に必要な準備をしよう

このレッスンのポイント

ショッピング機能を利用するための、具体的な準備の方法を解説します。ビジネスプロフィールなど、本書のこれまでの章で解説している設定もありますが、あらためて整理しておきましょう。

○ 準備を整えて審査を待つ

ショッピング機能を利用する準備としては、図表54-1 の①〜④までが必要です。すべての準備を行うと、Instagram側で自動的に審査が行われ、審査を通過するとショッピング機能が利用可能になります。4つの準備のうち、②はレッスン19、③はレッスン46で解説したので、それぞれを参照して済ませておいてください。④は技術的なハードルが高いので、詳しい解説は行いません。本書では④の技術的な難しさを回避して、簡単にショッピング機能を利用する方法として、Instagramのショッピング機能に対応しているECサイト開設サービス「BASE」を利用する方法を解説します。詳しくは次ページを見ていきましょう。

▶ 必要な準備 図表54-1

① ECサイトをもっている
↓
② Instagramアカウントをビジネスプロフィールに切り替える（レッスン19で解説）
↓
③ FacebookページとInstagramアカウントを関連づける（レッスン46で解説）
↓
④ FacebookページにECサイトの商品情報を登録する
↓
⑤ ①〜④が完了したら、Instagramの審査を待つ

ショッピング機能に対応したECサイト開設サービスも便利

「BASE」は、個人（ハンドメイドグッズの販売などを想定）も企業も利用できる、手軽なECサイト開設サービスです（図表54-2）。Instagramのショッピング機能が日本で提供された日にさっそく対応を表明しており、簡単な設定でFacebookピクセルのインストールと、商品情報をFacebookページに登録する作業を行えます。具体的な操作方法は、次のレッスンで解説します。2018年7月時点では、BASE以外のECサイト開設サービスもショッピング機能に対応しています。図表54-3 を参考に、自社に合うサービスを探してみましょう。表中のサービス対象の「企業」は企業のECサイト、「個人」は個人のハンドメイド作品などの販売を指します。

▶ BASE 図表54-2
https://thebase.in/

個人も企業も無料でECサイトを開設し、Instagramと連携してショッピング機能を利用できる

▶ Instagramショッピングに対応している主なECサイト開設サービス 図表54-3

名称	URL	サービス対象
Creema	https://www.creema.jp/	個人
MakeShop	https://www.makeshop.jp/	企業
minne	https://minne.com/	個人
Shopify	https://www.shopify.jp/	企業
STORES.jp	https://stores.jp/	個人／企業
カラーミーショップ	https://shop-pro.jp/	企業

これからECサイトを開設する場合や、小規模にショッピング機能をテストしたい場合は、これらのサービスを利用するのがもっとも手軽です。今後も対応サービスは増えるでしょう。

Lesson [BASEでのショッピング機能の設定]

55 BASEのECサイトでショッピング機能を利用しよう

このレッスンのポイント

ECサイト開設サービス「BASE」でECサイトを作り、Instagramのショッピング機能を利用できるようにしましょう。既存のECサイトに機能を追加することで、簡単に設定を完了できます。

Chapter 7 ショッピング機能でECサイトに誘導しよう

○ 複雑な設定が自動的に完了する

BASEでは、自社で作成したECサイトに「App」と呼ばれる拡張機能をインストールすることで機能を追加できます。Instagramのショッピング機能を利用するための「Instagram販売App」をインストールし、設定を行いましょう。
ここからの操作は、BASEですでに自社のECサイトを作成して商品の情報も登録しており、レッスン54で解説した<mark>ビジネス</mark>

<mark>プロフィールの設定、Facebookページと Instagramアカウントの関連づけが完了している</mark>ものとして解説します。
BASEのサイト上で「Instagram販売App」をインストールし、続けて次ページ以降で解説する設定を行いましょう。Facebookピクセルのインストールや、商品情報をFacebookページに登録する作業が自動的に行われます。

👍 ワンポイント　Facebookピクセルは1アカウントで1個だけ

Instagram販売Appを設定するときにFacebookピクセルを作成しますが、Facebookピクセルは1つのアカウントで1個しか作ることができません。すでに作成していた場合は、過去に作ったFacebookピクセルが表示されるので、それを選択しましょう。自分のアカウントのFacebookピクセルは、「Facebookイベントマネージャ」にアクセスすると確認できます。Facebookピクセルを作成済みか、作成済みの場合はどのような設定か（名前など）を見ておきましょう。

▶ Facebookイベントマネージャ
https://www.facebook.com/events_manager/

182

1 Instagram販売Appをインストールする

1 BASEのInstagram販売Appのページにアクセスし、[インストール]をクリックします。

Instagram販売Appがインストールされます。

▶ BASE Instagram販売App
https://apps.thebase.in/detail/74

2 Facebookページと連携する設定を開始する

1 Instagram販売Appをインストール後に表示される画面で[Facebookページを連携する]をクリックします。

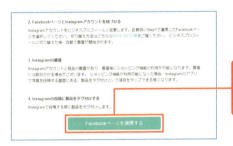

3 「Facebook広告エクステンション」を開始する

新しいウィンドウが開き、[Facebook広告掲載のための設定]の画面が表示されました。

1 [次へ]をクリックします。

Chapter 7 ショッピング機能でECサイトに誘導しよう

NEXT PAGE ➡ 183

4 連携するFacebookページを選択する

1 連携するFacebookページを選択します。

2 ［次へ］をクリックします。

5 Facebookピクセルを設定する

Facebookピクセルが作成されました。

1 Facebookピクセルの名前を確認します。

2 ［次へ］をクリックします。

6 Facebookページに商品情報を取り込む

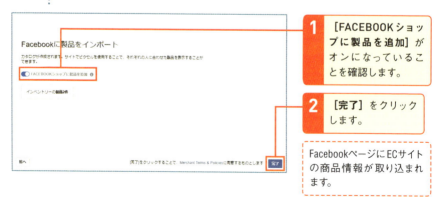

1 ［FACEBOOKショップに製品を追加］がオンになっていることを確認します。

2 ［完了］をクリックします。

FacebookページにECサイトの商品情報が取り込まれます。

7 設定を完了する

[設定が完了しました]のメッセージが表示されました。

1 [次へ]をクリックします。

2 [テストトラフィックを送信]をクリックします。

Facebookピクセルのテストが行われます。

● 設定ができたら審査完了を待とう

以上の操作が終わったら、Instagram販売Appの設定は完了です。これ以外にInstagramやFacebookへの申請は行わなくても、正常に設定できていれば審査が行われ、通過するとショッピング機能を利用可能になります。審査には、数日〜10日程度かかることがあります。

BASEのECサイトとFacebookページが正しく連携していると、Facebookページの[ショップ]をクリックしたあとに商品が表示されるようになります。

正しく連携していることを確認したら、審査の通過を待ちましょう。

Lesson [商品のタグ付け]

56 投稿に商品をタグ付けしてECサイトへ誘導しよう

このレッスンのポイント

ショッピング機能を使うための設定が完了し、審査を通過すると、商品へのタグ付けをする［製品のタグ付け］機能が利用できるようになります。タグ付けする機能の使い方と、活用のコツを解説します。

1枚に最大5件までタグ付けが可能

レッスン55で解説した設定を行い、ショッピング機能の審査を通過すると、図表56-1のようなメッセージがInstagramアプリ上に表示されます。すると、投稿するときの［シェアする］をタップする手前で［製品をタグ付け］ボタンが表示されるようになります。

商品のタグ付けは、写真1枚の投稿では最大5件、カルーセルでは全部で20件まで可能です。

▶ 審査の通過を知らせるメッセージ 図表56-1

［スタート］をタップしてタグ付けの利用を開始する

プロフィール画面に［Instagramで製品をタグ付け］というメッセージが表示されたら、商品のタグ付けが可能になる

👍 ワンポイント　商品の入れ替えを行った場合は

BASEのECサイトで商品の情報を更新した場合は、自動的にFacebookページとInstagram上にも反映されます（反映には多少の時間差が生じる場合があります）。BASE上で商品を削除した場合は、Instagramのこれまでの投稿から該当商品のタグが削除され、タップできなくなります。

1 商品にタグ付けする

1 投稿直前のキャプションを入力する場面で［**製品をタグ付け**］をタップします。

2 写真をタップし、カタログからタグ付けする商品を選択します。

3 ［**完了**］をタップしてタグ付けを終了します。

［**シェアする**］をタップして投稿を行います。

● 購入を後押しする投稿で使おう

ショッピング機能で商品をタグ付けした投稿は、ショッピングバッグのアイコンが左下に表示され、ショッピング機能の存在を意識させます。どんな写真にも多用してしまうと、ユーザーから敬遠されるかもしれません。

認知を得るための投稿には商品をタグ付けせずに、写真の美しさや利用シーンが印象に残るようにして、関心をもってもらいましょう。購入を後押しする投稿では商品にタグ付けし、すぐ買えるようにします。写真も商品を大きく写したものを使うなど、絵柄にはっきりとした変化をつけましょう。

すべての写真にタグがついていると、うるさくなってしまいます。購入を後押しする投稿で使うようにしましょう。

質疑応答

Q 今後、Instagramの利用スタイルはどう変化していきますか？

A Instagramはビジュアル中心のコミュニケーションインフラとして、今以上に生活に密接した存在になっていくでしょう。Instagramには今後、次の3つの変化が起こると考えています。

1つ目は「投稿コンテンツの多様化」です。かつてはアートとしての美しい写真が多かったのが、2016年ごろから、レシピやDIYテクニックの紹介のような実用的な情報が増えてきました。今後はさらに多様な情報が流通し、多くの人がInstagramの新しい楽しみ方を発見していくでしょう。

2つ目は「検索ツールとしての進化」です。今も情報収集の手段はGoogle一強ではなく、TwitterやInstagramが、リアルな声を集めるツールとしてユーザーの信頼を集めつつあります。今後もこの認識は広がっていくと思われます。

3つ目は「販売手段の進化」です。ショッピング機能が搭載されたことで、ユーザーは関心をもった商品をすぐ購入できるようになりました。ショッピング機能を活用する企業は、今後ハイペースで増えていくはずです。

これらによって、ユーザーが商品を認知して情報を収集し、購入するという一連の行動に、Instagramはより深く関わるようになります。マーケターにとっても、Instagramはより重要な存在となるでしょう。

索引

数字・アルファベット

4つの施策	**33**
BASE	**181**
Instagram販売App	182
CTA	**71**
ECサイト	**178**
Facebookピクセル	**179, 182**
Facebookページ	**68, 152**
IGTV	**18, 30**
Instagram広告	
A/Bテスト	172
Facebookページ	152
オーディエンス	150
クリエイティブ	156
広告マネージャ	162
最適化	173
支払い設定	167
設計	158
ターゲット	150
特徴	146
配信の効率	151
評価	168
目的	148
ルール	154
Pinterest	**176**
SIPSモデル	**36, 48**
Snapchat	**176**
Snapseed	**78**

あ

アンバサダー	**124**
インサイト	**66, 96**
投稿	97
プロフィール	98
インスタ映え	**12, 22, 104**
インフルエンサー	**15, 106**
規模	107

インフルエンサー連携

イベント	114
競合への注意	53
施策の企画	110
指示	118
人選のポイント	116
評価	122
要件	112
ウェブサイト	**70**
炎上	**64**
オーディエンス	**148**

か

可処分時間	**30**
カルーセル	**88**
間接的な訴求	**28**
既存顧客	**38**
キャスティング会社	**108, 112**
キャプション	**82**
キャンペーン	**158**
共感	**36**
業種別フレームワーク	**48**
アパレル／ファッション	50
飲食／サービス	62
インテリア	56
観光／行政	60
雑貨／日用品	58
食品／飲料	54
スキンケア／コスメ	52
クイック返信	**90**
顕在層	**38**
検索	**23**
トップへの掲載	45
検討段階	**38**
広告セット	**158**
広告ポリシー	**155**
広告マネージャ	**147**
構図	**75**

索引

行動変容	106
購入の後押し	40
コマースポリシー	179
コミュニティガイドライン	64

さ

細分化	14
参加	37
三分割法	75
自己表現	20
自社アカウント	
改善	100
キャプション	82
写真の入手	72
スケジュール	84
ビジネスプロフィール	66
評価	96
プロフィール	70
写真の入手	72
写真表現	74
ショッピング	
しくみ	178
準備	180
対応サービス	181
タグ付け	186
ステマ	120
ストーリーズ	17, 86
外部リンク	87
使い分け	20
スポット	92
潜在層	38
相乗効果	35

た

ダイレクト	19
担当者	46
中央一点構図	75
著作権	136
テキストオーバーレイツール	154
動画	30
投稿キャンペーン	
応募規約	134
期間	132

懸賞サイト	139
告知	138
作例	138
テーマ	130
特典	133
ハッシュタグ	131
評価	140
メリット	126
目的	128
投稿のスケジュール	84

な

二次利用	134

は

ハッシュタグ	23, 24, 42
コメントとして入力	83
性質	26
入力方法	27
ビジネスプロフィール	66
インサイト	96
カテゴリ	69
切り替え	67
クイック返信	90
標準フィルター	78
フィード	16
フォロワー割引	144
不当表示	121
ブランドのタグ付け	121
プロフィール	70
プロモーションガイドライン	136

や

ユーザーネーム	70

ら

ライフスタイル	56
ライブ配信	18
リーチ	25, 40
利用時間帯	85
ロイヤリティ	39

わ

枠の拡大	14

● スタッフリスト

執筆協力	吉沢浩二（studio Roop）、築島宏樹・山内智史（株式会社パスチャー）
カバー・本文デザイン	米倉英弘（細山田デザイン事務所）
カバー・本文イラスト	東海林巨樹
写真撮影	蔭山一広（panorama house）
写真素材	123RF、PIXTA
編集・DTP	株式会社トップスタジオ
デザイン制作室	今津幸弘
	鈴木　薫
デスク	山田貞幸
副編集長	小渕隆和
編集長	藤井貴志

本書のご感想をぜひお寄せください
https://book.impress.co.jp/books/1117101118

読者登録サービス
アンケート回答者の中から、抽選で **商品券（1万円分）** や **図書カード（1,000円分）** などを毎月プレゼント。
当選は賞品の発送をもって代えさせていただきます。

■商品に関する問い合わせ先
インプレスブックスのお問い合わせフォームより入力してください。
https://book.impress.co.jp/info/
上記フォームがご利用頂けない場合のメールでの問い合わせ先
info@impress.co.jp
●本書の内容に関するご質問は、お問い合わせフォーム、メールまたは封書にて書名・ISBN・お名前・電話番号
　と該当するページや具体的な質問内容、お使いの動作環境などを明記のうえ、お問い合わせください。
●電話やFAX等でのご質問には対応しておりません。なお、本書の範囲を超える質問に関しましてはお答えでき
　ませんのでご了承ください。
●インプレスブックス（https://book.impress.co.jp/）では、本書を含めインプレスの出版物に関するサポート情
　報などを提供しておりますのでそちらもご覧ください。
●該当書籍の奥付に記載されている初版発行日から3年が経過した場合、もしくは該当書籍で紹介している製品
　やサービスについて提供会社によるサポートが終了した場合は、ご質問にお答えしかねる場合があります。

■落丁・乱丁本などの問い合わせ先　　　　　　　　■書店／販売店の窓口
TEL 03-6837-5016　　　　　　　　　　　　　　　株式会社インプレス 受注センター
FAX 03-6837-5023　　　　　　　　　　　　　　　TEL 048-449-8040
service@impress.co.jp　　　　　　　　　　　　　FAX 048-449-8041
（受付時間／ 10:00-12:00、13:00-17:30 土日、祝祭日を除く）　株式会社インプレス 出版営業部
●古書店で購入されたものについてはお取り替えできません。　　TEL 03-6837-4635

いちばんやさしい Instagram（インスタグラム） マーケティングの教本（きょうほん）
人気講師が教える「魅せるマーケ」勝利の法則

2018 年 8 月 21 日　初版発行

著　者　　甲斐 優理子（かい ゆりこ）

発行人　　小川 亨

編集人　　高橋隆志

発行所　　株式会社インプレス
　　　　　〒 101-0051　東京都千代田区神田神保町一丁目 105 番地
　　　　　ホームページ　https://book.impress.co.jp/

印刷所　　音羽印刷株式会社

本書の利用によって生じる直接的あるいは間接的被害について、著者ならびに弊社では一切の責
任を負いかねます。あらかじめご了承ください。

本書は著作権法上の保護を受けています。本書の一部あるいは全部について（ソフトウェア及びプ
ログラムを含む）、株式会社インプレスから文書による許諾を得ずに、いかなる方法においても無
断で複写、複製することは禁じられています。

Copyright © 2018 PASTURE, Inc. All rights reserved.

ISBN 978-4-295-00406-6 C0034

Printed in Japan